高等职业教育会计专业课程系列教材

Tax Practice Exercise and Training

纳税实务习题与实训

第二版

高素芬 主　编

张晓琴 副主编

东北财经大学出版社
Dongbei University of Finance & Economics Press
大连

图书在版编目（CIP）数据

纳税实务习题与实训 / 高素芬主编. —2版. —大连：东北财经大学出版社，2017.8
（高等职业教育会计专业课程教材系列）
ISBN 978-7-5654-2828-9

Ⅰ.纳… Ⅱ.高… Ⅲ.纳税-税收管理-中国-高等职业教育-教材
Ⅳ.F812.42

中国版本图书馆CIP数据核字（2017）第165527号

东北财经大学出版社出版
（大连市黑石礁尖山街217号 邮政编码 116025）
网　址：http：//www.dufep.cn
读者信箱：dufep@dufe.edu.cn

大连日升彩色印刷有限公司印刷　东北财经大学出版社发行

幅面尺寸：185mm×260mm　字数：234千字　印张：9.75　插页：1

2017年8月第2版　2017年8月第3次印刷

责任编辑：王天华　责任校对：王　丽
封面设计：冀贵收　版式设计：钟福建

定价：16.00元

第二版前言

为了配合《纳税实务》一书的教学需要，帮助学生更方便地学习教材的相关内容，提高教学效果和教学质量，特编写《纳税实务习题与实训》配套教材。

增值税由2009年1月1日起在全国范围内转型，由“生产型增值税”转为“消费型增值税”；自2013年8月1日起，交通运输业和部分现代服务业试行营业税改征增值税；自2016年5月1日起，在全国范围内全面推开营业税改征增值税，建筑业、房地产业、金融业、生活服务业等由缴纳营业税改为缴纳增值税。“营改增”打通了服务业与货物销售之间的障碍，有利于货物、服务的融合与分工，促进社会的进一步分工与合作。

本配套教材以最新税务法规为依据，以纳税工作流程和各种税的计算、核算与申报为主线，通过模拟练习，旨在使学生熟悉企业相关会计岗位的管理工作，进一步掌握各种税的计算方法、纳税申报表的编制方法和账务处理方法。

本配套教材的基本结构与主教材的结构完全相同，共分七个项目，主要内容包括增值税、消费税、关税、企业所得税、个人所得税、其他税、税收征管相关法规。每个项目的习题与实训主要由单项选择题、多项选择题、判断题、简答题、实务题和综合实训题等构成。

本配套教材依照东北财经大学出版社教材升级的要求，与《纳税实务》（第二版）同步进行了修订。修改或删除教材中业已陈旧过时的内容，新增了增值税会计核算内容，同步更换了相关习题，体现了企业会计准则和税法的最新变化。

本配套教材由高素芬教授主编，并负责对全书进行校对、统稿和修订。参加本书编写的人员有高素芬、张晓琴等。由于时间仓促和编者水平有限，疏漏与不当之处在所难免，敬请同行及广大读者批评指正，以便再版时修订。

编　者

2017年6月

目 录

项目一 增值税

一、单项选择题

1.下列行为中应视同销售货物征收增值税的是（　　）。

A.某商店为厂家代销服装

B.某公司将外购饮料用于个人消费

C.某企业将外购钢材用于基建工程

D.某企业将外购食品用于职工福利

2.一般纳税人销售下列货物，适用11%税率的是（　　）。

A.图书　　B.化妆品

C.速冻食品　　D.汽车

3.下列不属于增值税免税项目的是（　　）。

A.药厂生产销售的避孕药具　　B.药店零售的避孕药具

C.个体户进口供残疾人专用的物品　　D.新华书店代销的古旧图书

4.目前，允许按11%抵扣率抵扣进项税额的是（　　）。

A.购进免税农产品　　B.购进废旧物资

C.购进固定资产　　D.购进服务

5.某商场（一般纳税人）采取以旧换新方式销售电视机，每台零售价为3 000元，本月售出电视机150台，旧电视折价200元，共收回150台旧电视，该业务应纳增值税为（　　）元。

A.61 025.64　　B.65 384.62　　C.73 500　　D.76 500

6.小规模纳税人增值税征收率为（　　）。

A.3%　　B.4%　　C.6%　　D.11%

7.下列情形中，可以直接开具增值税专用发票的是（　　）。

A.向消费者个人销售货物或者提供应税劳务

B.销售货物或者提供应税劳务适用免税规定的

C.小规模纳税人销售货物或者提供应税劳务

D.一般纳税人销售货物或者提供应税劳务

8.根据增值税的有关规定，下列项目中适用17%税率的是（　　）。

A.销售不动产　　B.房屋租赁

C.转让土地使用权　　D.有形动产融资租赁

9.下列各项中属于兼营增值税不同税率货物或应税劳务的是（　　）。

A.某农机制造厂既生产销售农机，又承担农机修理业务

B.销售软件产品并随同销售一并收取软件安装费

C.零售商店销售家具并实行有偿送货上门

D.饭店提供餐饮服务并销售香烟、酒水

10.下列不允许抵扣进项税额的是（　　）。

A.外购专利权　　B.外购厂房

C.外购用于福利的货物　　D.外购机器设备

11.增值税一般纳税人提供的下列应税服务，适用11%税率的是（　　）。

A.文化创意服务　　B.公路运输服务

C.有形动产租赁服务　　D.加工劳务

12.下列租赁服务中适用11%税率的是（　　）。

A.机器设备租赁　　B.房屋租赁

C.运输车辆租赁　　D.包装物租赁

13.下列服务中适用11%税率的是（　　）。

A.交通运输服务　　B.旅游娱乐服务

C.餐饮住宿服务　　D.养老殡葬服务

14.下列服务中适用17%税率的是（　　）。

A.有形动产租赁服务　　B.交通运输业服务

C.文化创意服务　　D.广告服务

15.下列业务中，按11%税率征收增值税的是（　　）。

A.铁路运输服务　　B.有形动产租赁服务

C.广播影视服务　　D.旅游服务

16.“营改增”在现行增值税17%标准税率的基础上，还设（　　）两档低税率。

A.11%和3%　　B.6%和3%

C.11%和6%　　D.3%和0

17.下列增值税税率描述错误的是（　　）。

A.提供有形动产租赁服务，税率为11%

B.提供交通运输业服务，税率为11%

C.提供现代服务业服务（有形动产租赁服务除外），税率为6%

D.小规模纳税人提供应税服务，税率为3%

18.某零售企业为增值税一般纳税人，月销售收入为35 100元，该企业当月计税销售额为（　　）元。

A.30 000　　B.35 100　　C.31 061.94　　D.34 077.67

19.某单位采取折扣方式销售货物，折扣额单独开发票，则销售额为（　　）。

A.扣除折扣额的销售额　　B.不扣除折扣额的销售额

C.折扣额　　D.加上折扣额的销售额

20.纳税人当期的进项税额大于当期的销项税额时，对未抵扣部分的处理办法是（　　）。

A.结转下期继续抵扣　　B.可抵扣以前税款

C.不再给予抵扣　　D.税务部门予以退税

21.企业将自产的货物无偿赠送他人，应视同销售货物计算应交的增值税，借记“营业外支出”科目，贷记“库存商品”和（　　）科目。

A.“应交税费——应交增值税（销项税额）”

B.“应交税费——应交增值税（进项税额转出）”

C.“应交税费——应交增值税（进项税额）”

D.“应交税费——应交增值税（转出未交增值税）”

22.小规模纳税人不实行税款抵扣制，因此，在购进货物时无论是收到普通发票还是增值税专用发票，其会计处理为（　　）。

A.借：原材料等
　　贷：银行存款等

B.借：原材料等
　　应交税费——应交增值税（进项税额）
　　贷：银行存款等

C.借：原材料等
　　应交税费——应交增值税
　　贷：银行存款等

D.借：原材料等
　　贷：银行存款等
　　　　应交税费——应交增值税（销项税额）

23.以1个月为1个纳税期的增值税纳税人，于期满后（　　）日内申报纳税。

A.5　　B.15　　C.30　　D.10

24.进口货物的增值税由（　　）征收。

A.进口地税务机关　　B.海关

C.交货地税务机关　　D.进口方所在地税务机关

25.下列结算方式中，以发出货物当天为增值税纳税义务发生时间的是（　　）。

A.预收货款　　B.赊销

C.分期收款　　D.将货物交付他人代销

26.“营改增”企业一般纳税人与小规模纳税人应税服务年销售额的划分标准是（　　）。

A.50万元　　B.80万元

C.100万元　　D.500万元

27.在境内提供应税服务，是指（　　）在境内。

A.应税服务提供方　　B.应税服务接受方

C.应税服务提供方或者接受方　　D.应税服务提供方和接受方

28.增值税一般纳税人购进货物或者接受加工修理修配劳务，用于（　　）项目的，不属于非增值税应税项目，其进项税额准予从销项税额中抵扣。

A.非应税劳务　　B.集体福利

C.应税服务　　D.个人消费

29.以下适用增值税6%税率的是（　　）。

A.交通运输业　　B.研发和技术服务

C.有形动产租赁　　D.卷帘机

30.下列项目的进项税额准予从销项税额中抵扣的是（　　）。

A.接受交通运输业服务，除取得增值税专用发票

B.接受的旅客运输劳务

C.自用的应征消费税的摩托车、汽车、游艇

D.增值税普通发票

二、多项选择题

1.单位和个人提供的下列劳务中，应征收增值税的有（　　）。

A.汽车的修配　　B.房屋的修理

C.受托加工卷烟　　D.缝纫加工

2.下列行为中，属于视同销售货物应征增值税的有（　　）。

A.委托他人代销货物　　B.销售代销货物

C.将自产的货物用于对外捐赠　　D.将外购货物用于对外投资

3.下列销售行为中，应征收增值税的有（　　）。

A.销售电力　　B.销售自来水

C.销售房屋　　D.销售热力

4.下列行为中，应征收增值税的有（　　）。

A.企业生产铁合金门窗并负责安装

B.批发企业销售货物并实行送货上门

C.将自产的货物分给职工作为福利

D.将外购的货物用于非应税项目

5.2017年6月，某单位外购下列货物，不能抵扣进项税额的有（　　）。

A.外购生产用设备　　B.外购货物用于免税项目

C.外购货物用于集体福利　　D.外购货物无偿赠送他人

6.下列各项中，属于增值税视同销售行为的有（　　）。

A.将货物交付他人代销

B.将购买的货物用于集体福利和个人消费

C.将自产的货物作为投资提供给其他单位

D.将委托加工收回的货物无偿赠送他人

7.下列凭证中，可以作为增值税扣税凭证的有（　　）。

A.增值税专用发票

B.海关进口增值税专用缴款书

C.农产品收购发票和农产品销售发票

D.完税凭证

8.关于增值税计税销售额的规定，下列说法中正确的有（　　）。

A.采用以物易物方式销售货物，由多交付货物的一方以价差计算缴纳增值税

B.采用以旧换新方式销售货物（金银首饰除外），以实际收取的不含增值税的价款计算缴纳增值税

C.采用还本销售方式销售货物，以实际销售额计算缴纳增值税

D.采用销售折扣方式销售货物，不得从销售额中扣减折扣额

9.一般纳税人提供的下列服务，适用6%税率的有（　　）。

A.研发和技术服务　B.文化创意服务

C.广告代理　D.铁路运输服务

10.下列项目中，应当征收增值税的有（　　）。

A.转让专利权　B.销售不动产

C.提供广播影视服务　D.提供有形动产租赁服务

11.现行增值税的税率主要有（　　）。

A.17%　B.11%　C.6%　D.13%

12.原增值税一般纳税人发生下列业务，有关其进项税额，下列说法中正确的有（　　）。

A.原增值税一般纳税人接受试点纳税人提供的应税服务，取得的增值税专用发票上注明的增值税可以抵扣

B.原增值税一般纳税人自用的应征消费税的摩托车、汽车、游艇，其进项税额准予从销项税额中抵扣

C.原增值税一般纳税人接受境外单位或者个人提供的应税服务，按照规定应当扣缴增值税的，准予从销项税额中抵扣的进项税额为从税务机关或者代理人取得的中华人民共和国税收缴款凭证上注明的增值税税额

D.原增值税一般纳税人购进货物或者接受加工修理修配劳务，用于《应税服务范围注释》所列项目的，不属于《增值税暂行条例》第十条所称的用于非增值税应税项目，其进项税额准予从销项税额中抵扣

13.下列应缴纳增值税的行业有（　　）。

A.建筑业　B.旅游娱乐业

C.金融业　D.房地产开发企业

14.纳税人发生视同销售行为，应按下列顺序确定计税销售额（　　）。

A.当月同类货物的最高销售价格

B.纳税人最近时期同类货物的平均销售价格

C.其他纳税人最近时期同类货物的平均销售价格

D.组成计税价格

15.下列各项中，允许从增值税计税销售额中扣除的有（　　）。

A.销售折扣额

B.销售折让额

C.销售退货额

D.销售额开在同一张发票上的折扣额

16.企业应在“应交税费——应交增值税”明细账中设置（　　）等专栏。

A.进项税额　B.已交税金

C.减免税款　D.销项税额

17.下列关于纳税义务发生时间的表述中正确的有（　　）。

A.委托其他纳税人代销货物的，其纳税义务发生时间为收到代销款的当天

B.销售应税劳务的，其纳税义务发生时间为提供劳务同时收讫销售额或取得索取销售额凭据的当天

C.采取分期收款方式销售货物的，其纳税义务发生时间为书面合同规定的收款日期

D.先开具发票的，其纳税义务发生时间为开具发票的当天

18.一般纳税人提供应税服务，适用6%税率的有（　　）。

A.研发和技术服务　　B.金融服务

C.建筑服务　　D.旅游娱乐服务

19.下列应缴纳增值税的有（　　）。

A.建筑设计业务　　B.城市规划业务

C.建筑图纸审核业务　　D.园林景观的设计

20.房地产开发项目应缴纳增值税的有（　　）。

A.公共配套设施费　　B.前期工程费

C.建筑安装工程费　　D.基础设施费

21.下列情形中不属于在境内提供应税服务的有（　　）。

A.境外单位或者个人向境内单位或者个人提供在境内消费的应税服务

B.境外单位或者个人向境内单位或者个人出租在境内使用的有形动产

C.境外单位或者个人向境内单位或者个人提供完全在境外消费的应税服务

D.境外单位或者个人向境内单位或者个人出租完全在境外使用的有形动产

22.下列进项税额不得抵扣的情形包括（　　）。

A.用于适用简易计税方法计税项目

B.非增值税应税项目

C.免征增值税项目

D.集体福利或者个人消费的购进货物

23.下列不征收增值税的有（　　）。

A.国家指令无偿提供的铁路运输服务、航空运输服务，属于《试点实施办法》规定的用于公益事业的服务

B.存款利息

C.被保险人获得的保险赔付

D.房地产主管部门或者其指定机构及物业管理单位代收的住宅专项维修资金

24.下列服务中适用增值税11%税率的有（　　）。

A.提供有形动产租赁服务　　B.提供建筑服务、邮政服务

C.提供交通运输服务　　D.不动产租赁服务

E.提供基础电信服务

25.下列表述中正确的有（　　）。

A.兼有不同税率的销售货物、加工修理修配劳务、服务、无形资产或者不动产，从高适用税率

B.兼有不同征收率的销售货物、加工修理修配劳务、服务、无形资产或者不动产，从高适用征收率

C.兼有不同税率和征收率的销售货物、加工修理修配劳务、服务、无形资产或者不动产，从高适用税率

D.一般纳税人既销售给甲钢筋，又为乙建筑房屋，同时还负责给丙运输货物。未分别核算销售额的，均按17%征税

26.下列关于“营改增”一般纳税人增值税税率的表述中正确的有（ ）。

A.生产销售医疗器械适用17%的增值税税率

B.出租专用设备适用13%的增值税税率

C.出租房屋适用11%的增值税税率

D.出租仪器适用6%的增值税税率

27.下列项目中属于“营改增”的现代服务业有（ ）。

A.研发和技术服务　　B.信息技术服务

C.家政便民服务　　D.广告服务

E.仓储服务　　F.鉴证服务

28.“营改增”纳税人中必须作为增值税一般纳税人的有（ ）。

A.年销售额满50万元，会计核算不健全的运输企业

B.年销售额满200万元，会计核算不健全的仓储企业

C.年销售额满700万元，会计核算健全的咨询公司

D.年销售额满800万元，会计核算健全的研发公司

E.年销售额满80万元，会计核算不健全的有形动产租赁公司

29.下列关于“营改增”企业一般纳税人适用增值税税率的表述中正确的有（ ）。

A.交通运输业适用17%的增值税税率

B.交通运输业适用11%的增值税税率

C.交通运输业适用6%的增值税税率

D.现代服务业适用6%的增值税税率

E.有形动产租赁适用13%增值税税率

30.下列项目的进项税额不得从销项税额中抵扣的有（ ）。

A.非正常损失的购进货物及相关的加工修理修配劳务和交通运输业服务

B.非正常损失的在产品、产成品所耗用的购进货物（不包括固定资产）、加工修理修配劳务或者交通运输业服务

C.接受的旅客运输服务

D.自用的应征消费税的摩托车、汽车、游艇

31.增值税一般纳税人接受纳税人提供的应税服务，下列项目的进项税额不得从销项税额中抵扣的有（ ）。

A.用于简易计税方法计税项目、非增值税应税项目、免征增值税项目、集体福利或者个人消费

B.接受的旅客运输服务

C.与非正常损失的购进货物相关的交通运输业服务

D.与非正常损失的在产品、产成品所耗用购进货物相关的交通运输业服务

32.用于（ ）的购进货物、接受加工修理修配劳务或者应税服务项目的进项税额不得从销项税额中抵扣。

A.简易计税方法计税项目　　B.非增值税应税项目

C.免征增值税项目　　D.集体福利或者个人消费

33.下列属于金融服务征收增值税的有（ ）。

A.贷款服务　B.人身保险服务
C.转让有价证券　D.融资性售后回租

34.下列按现代服务业征收增值税的有（　）。
A.广告影视服务　B.收派服务
C.物业管理　D.代理记账

35.向境外单位提供的完全在境外消费的下列服务，适用增值税零税率（　）。
A.研发服务　B.合同能源管理服务
C.软件服务　D.信息系统服务

三、判断题

1.一般纳税人和小规模纳税人销售农机、农膜、化肥，适用13%的低税率。（　）

2.征收率只适用于小规模纳税人，不适用于一般纳税人。（　）

3.实物折扣不能从货物销售额中减除，且该实物应按《增值税暂行条例》“视同销售货物”中的“赠送他人”计算征收增值税。（　）

4.一般纳税人将货物用于集体福利或个人消费，其增值税专用发票开具的时限为货物移送的当天。（　）

5.销售自产货物并同时提供建筑业劳务的行为，应当按照混合销售行为缴纳增值税。（　）

6.小规模纳税人进口货物，海关使用组成计税价格和征收率计算其进口环节增值税。（　）

7.采用销售折扣方式销售货物，应当从其销售额中扣除折扣额。（　）

8.纳税人兼营不同税率的货物或者应税劳务，应当分别核算不同税率货物或者应税劳务的销售额；未分别核算销售额的，从高适用税率。（　）

9.销售货物或者提供应税劳务，纳税义务发生的时间为收讫销售款项或者取得索取销售款项凭据的当天；先开具发票的，为开具发票的当天。（　）

10.一般纳税人购买免税农产品，按照买价依11%的抵扣率计算进项税额，准予从销项税额中扣除。（　）

11.已经抵扣了进项税额的购进货物，如果投资于其他单位，可以将进项税额在投资发生当期转出。（　）

12.增值税一般纳税人开具的增值税专用发票，应在开具之日起180天内到税务机关办理认证。（　）

13.纳税人进口货物，应当自海关填发海关进口增值税专用缴款书之日起15日内缴纳税款。（　）

14.增值税纳税人销售酒类产品而收取的包装物押金，无论是否返还及会计上如何核算，均应并入当期销售额征收增值税。（　）

15.不属于当期发生的增值税进项税额一律不得在当期抵扣。（　）

16.一般纳税人外购货物所支付的运输费用，可按取得货物运输业增值税专用发票注明的税款金额凭票抵扣。（　）

17.增值税专用发票只适用于增值税一般纳税人和小规模纳税人领购使用，非增值税纳税人不得领购使用。（　）

18.增值税小规模纳税人一律按照3%的征收率计算应纳税款，不得抵扣进项税额。（ ）

19.增值税一般纳税人和小规模纳税人的计税依据相同，都是不含税的销售额。（ ）

20.增值税小规模纳税人如果符合规定条件，需开具增值税专用发票的，可由当地税务机关代开增值税专用发票。（ ）

21.混合销售是指销售多种产品或提供多种劳务的行为。（ ）

22.销项税额=销售额×税率，由销售方自己负担。（ ）

23.应纳增值税等于当期销项税额减去当期进项税额，因此，所有的进项税额都可以抵扣，不足部分可以结转下期继续抵扣。（ ）

24.进口货物按照组成计税价格和规定的税率计算进口环节的增值税，不得抵扣进项税额。（ ）

25.增值税纳税人代收代垫的运费，应视为价外费用征收增值税。（ ）

26.商业企业采取分期付款方式购进货物的，凡是发生销售方先全额开具专用发票，购货方再按规定分期付款情况的，应在每次支付款项后申报抵扣进项税额。（ ）

27.纳税人采取折扣方式销售货物，销售额和折扣额不在同一张发票上分别注明的，可按扣除折扣以后的销售额征收增值税。（ ）

28.企业销售货物后，若发生销售退回或销售折让，应记入“应交税费——应交增值税（销项税额）”科目的借方。（ ）

29.销售折扣在购买方实际付款时才能确认，现金折扣不能冲减销售额，也不能抵减销项税额，而只能计入财务费用。（ ）

30.委托代销货物纳税义务的发生时间，为收到代销单位的代销清单或者收到全部或者部分货款的当天；未收到代销清单或者货款的，为发出代销货物满180天的当天。（ ）

31.会展企业从事会议展览服务时，会展企业收取的冠名费属于会议展览服务。（ ）

32.律师事务所业务属于部分现代服务业中的鉴证咨询服务。（ ）

33.工程监理业务属于《应税服务范围注释》的规定范围。（ ）

34.在境内提供应税服务，是指应税服务提供方或者接受方在境内。（ ）

35.单位或者个体工商户为员工提供交通运输业和部分现代服务业服务应缴纳增值税。（ ）

36.纳税人发生视同提供应税服务的，其纳税义务发生时间为应税服务完成的当天。（ ）

37.一般纳税人销售自行开发的房地产老项目，可以选择适用简易计税方法按照5%的征收率计税。一经选择简易计税方法计税的，36个月内不得变更为一般计税方法计税。（ ）

38.一般纳税人采取预收款方式销售自行开发的房地产项目，应在收到预收款时按照3%的预征率预缴增值税。（ ）

39.一般纳税人向其他个人销售自行开发的房地产项目，不得开具增值税专用发票。（ ）

40.小规模纳税人销售自行开发的房地产项目，其2016年4月30日前收取并已向主管地税机关申报缴纳营业税的预收款，未开具营业税发票的，可以开具增值税普通发票，不得申请代开增值税专用发票。（ ）

41.一般纳税人转让其2016年4月30日前自建的不动产，可以选择适用简易计税方法计税，以取得的全部价款和价外费用为销售额，按照5%的征收率计算应纳税额。（ ）

42.增值税小规模纳税人中月销售额不超过2万元（按季纳税6万元）的企业和非企业性单位提供的应税服务，免征文化事业建设费。（ ）

43.融资性售后回租，按照现代服务业中的租赁服务征税，税率为17%。（ ）

44.房地产开发企业采取预收款方式销售所开发的房地产项目，在收到预收款时按照3%的预征率预缴增值税。（ ）

45.纳税人兼营不同税率的应税消费品，应当分别核算不同税率应税消费品的销售额或销售数量；未分别核算的，按最高税率征税。（ ）

四、简答题

1.什么是增值税？我国的增值税具有哪些特点？

2.增值税把纳税人分为一般纳税人和小规模纳税人，其划分的标准是什么？

3.一般纳税人与小规模纳税人的增值税税率有什么不同？

4.销售货物并且已经开具了增值税专用发票，购货方要求退货，应如何处理？

5.增值税出口货物适用零税率，如何理解？

6.什么是增值税进项税额？哪些进项税额允许从销项税额中抵扣？哪些进项税额不允许抵扣？

7.销售货物和进口货物都需要缴纳增值税，为什么？二者的计税依据有什么不同？

8.试简述我国增值税的征收范围。

9.什么是混合销售与兼营？二者如何进行税务处理？

10.“营改增”后，增值税的扣税凭证主要有哪些？

11.“营改增”后，纳税人取得的不动产，其进项税额可以分两年抵扣。哪些不动产的进项税额允许抵扣？

12.“营改增”后，不动产租赁服务应该缴纳增值税。一般纳税人出租不动产时，采用一般计税办法与简易计税办法有什么不同？

13.房地产开发企业销售自行开发的不动产，如何计算和缴纳增值税？

14.建筑公司异地提供建筑服务，如何计算和缴纳增值税？

15.融资租赁业务与售后回租业务在纳税上有什么不同？

五、实务题

1.甲计算机生产企业是增值税一般纳税人，2016年12月有关经营业务如下：

（1）从乙企业处购进生产用原材料和零部件，取得的增值税专用发票上注明货款1 800 000元，增值税税额306 000元，货物已经验收入库，货款和税款未付。

（2）向乙企业销售大型电子显示屏，开具了普通发票，含税销售额为93 600元，调试费收入为23 400元。制作过程中委托丙公司进行专项加工，支付加工费20 000元，增值税税额为3 400元，取得丙公司开具的增值税专用发票。

（3）进口原材料一批，关税完税价格为50 000元，关税税率为10%，取得海关进口增值税专用缴款书。

（4）赠送给某希望小学自制电脑10台，计税价格为每台4 500元。

（5）委托某电脑城代销一批电脑，取得代销清单，注明价税合计46 800元，按合同规定支付了5%的代销手续费。

（6）新开发一种新型号笔记本电脑，试生产2台，交由办公室使用，每台生产成本为7 000元。

（7）销售电脑600台给某电脑销售公司，开出增值税专用发票，注明货款2 700 000元，增值税税额459 000元。

上述发票均已认证并申报抵扣。

要求：计算甲企业应缴纳的增值税税额，并作出相关会计处理。

2.乙企业为商品流通企业，是增值税一般纳税人，2017年8月有关经营业务如下：

（1）从农民手中购进免税农产品，收购凭证上注明支付购货款300 000元，支付铁路运输费，取得增值税专用发票，注明运费30 000元，税额3 300元。入库后将收购的农产品的40%作为职工福利费，60%零售给消费者，取得含税收入350 300元。

（2）销售空调，同时负责安装，取得收入35 100 000元。

（3）采取以旧换新方式销售洗衣机200台，每台零售价为2 340元，顾客旧洗衣机折价340元，按每台2 000元出售，不再支付旧洗衣机收购款。

（4）销售笔记本电脑10台，每台零售价为11 700元，货款已收到。

（5）采取预收款方式销售电视机2台，每台售价为23 400元，承诺下月交货。

（6）上月购买的2台笔记本电脑因保管不善被盗，不含税进价为5 000元。

上述发票均已认证并申报抵扣。

要求：计算该企业当月应缴纳的增值税，并作出相关会计处理。

3.某商场为增值税一般纳税人，从事百货的批发和零售业务，2016年9—11月份经营业务如下：

（1）9月份，购进一批货物，增值税专用发票注明的货款为200 000元，增值税为34 000元；向小规模纳税人销售货物，含税销售额为35 100元；柜台零售货物金额为23 400元。

（2）10月份，购进一批货物，增值税专用发票注明的货款为300 000元，增值税为51 000元；向一般纳税人销售一批货物，销售额为1 000 000元。

（3）“十一”国庆节，将价值40 000元的库存商品发给职工。

（4）11月份，购进一批货物，取得的增值税专用发票注明的货款为100 000元，增值税为17 000元；向一般纳税人销售一批货物，销售额为800 000元；柜台零售货物金额为58 500元。

要求：计算该商场9月份、10月份和11月份的应纳增值税税额，并作出相关会计处理。

4.某运输企业为增值税一般纳税人，2017年6月取得交通运输收入222万元（含税）；当月外购汽油30万元，购入运输车辆40万元（不含税金额，取得增值税专用发票）；发生联运支出80万元（不含税金额，取得增值税专用发票）。发票均已认证并申报抵扣。

要求：计算该企业2017年6月应缴纳的增值税，并作出相关会计处理。

5.甲企业为增值税一般纳税人，从事公路运输和代理报关业务，2017年6月发生如下业务：

（1）取得代理报关收入1 060 000元，开具增值税专用发票，金额为1 000 000元，税额为60 000元，款项已存入银行。

（2）取得运输收入1 110 000元，开具增值税专用发票，金额为1 000 000元，税额为110 000元，款项已存入银行。

（3）购买运输车辆，取得机动车统一销售发票一张，注明不含税销售额200 000元，增值税税额34 000元，款项已用银行存款支付，发票已通过税务机关认证。

（4）支付汽油费117 000元，取得增值税专用发票，发票注明不含税销售额100 000元，增值税税额17 000元，专用发票已通过税务机关认证。

要求：计算甲企业2017年6月应缴纳的增值税税额，并作出相关会计处理。

6.上海市甲运输公司是增值税一般纳税人，2017年7月取得运输收入200万元，销售货物取得收入12万元，运送该批货物取得运输收入3万元（以上均为含税价）。

要求：计算甲公司7月份的销项税额。

7.某一般纳税人2017年7月取得交通运输收入111万元（含税），当月外购汽油10万元，购入运输车辆20万元（不含税金额，取得增值税专用发票），发生的联运费用40万元（不含税金额，取得增值税专用发票）。

要求：计算该纳税人2017年7月的应纳增值税税额。

8.某商业企业属于小规模纳税人，2016年12月发生如下业务：

（1）购进食品一批，取得增值税专用发票，注明价款2 000元，税款340元。当月销售，开具普通发票，含税销售额为3 200元。

（2）购进服装，共付款1 000元，当月销售给消费者，销售款为2 300元。

（3）销售给一般纳税人货物一批，不含税销售额12 300元，由税务所代开了增值税专用发票。

要求：计算该企业12月份的应纳增值税税额，并作出相关会计处理。

9.某进出口公司（增值税一般纳税人）2016年11月报关进口数码相机200台，每台关税完税价格为4 000元，进口关税税率为60%，取得海关进口增值税专用缴款书。进口数码相机当月全部销售，每台售价为10 000元（不含税）。

要求：计算该公司进口环节和销售环节应缴纳的增值税税额，并作出相关会计处理。

10.2017年7月，某建筑企业（增值税一般纳税人）提供建筑服务收入100万元，按照适用税率开具增值税专用发票，款项已收。购买建筑模板支出50万元，取得增值税专用发票，注明的增值税税额为8.5万元，款项已付。

要求：计算该企业7月份应缴纳的增值税税额，并作出相关会计处理。

11.某工程承建企业（增值税一般纳税人）从材料到生产都是价税分离的。假定增值税税率为11%，上述工程项目不含税总造价为1亿元，其中材料费为6 000万元，材料的增值税进项税额为1 020万元，承建企业近期没有购置设备。

要求：计算该企业应缴纳的增值税税额。

12.某制药企业为增值税一般纳税人，2017年8月发生如下经济业务（所取得的增值税专用发票均认证相符）：

（1）购进设备一台，取得增值税专用发票，注明不含税价款560 000元，增值税95 200元；支付运费，取得增值税专用发票，注明不含税价款2 000元，增值税220元。

（2）从农贸市场购进中草药一批取得普通发票，金额为2 000元。

（3）外购包装箱一批取得增值税专用发票，注明不含税价款8 000元，增值税1 360元，取得市内运输企业（小规模纳税人）委托当地税务机关代开的增值税专用发票，注明价款300元，增值税30元。

（4）本月销售各类抗生素针剂取得不含税收入1 196 000元，出租药品检测仪器取得租金不含税收入4 000元。

要求：计算该企业应缴纳的增值税。

13.嘉祥公司为增值税一般纳税人，2017年6月发生业务如下：

（1）为某企业提供运输服务，取得收入20 000元。

（2）销售货物一批，税率为17%，取得收入40 000元。

（3）当期进项税额共5 000元。

要求：计算该公司6月份的应纳增值税。

14.某增值税一般纳税人，2017年8月发生如下业务：

8月，销售货物（不含税，下同）取得收入200万元；购入生产货物的原材料支出150万元，取得了增值税专用发票；购入送货用三轮摩托车10台，每台金额为2万元，增值税专用发票上注明价款20万元；当月提供技术服务收取服务费20万元，为提供技术服务发生进项税额0.8万元。

要求：计算该企业当期的应纳增值税。

15.某货运有限公司（增值税一般纳税人）2017年8月发生如下业务：

（1）购入新载货车，取得的机动车专用发票上注明税额5.10万元。

（2）购买成品油，取得的增值税专用发票上注明税额4.25万元。

（3）购买材料、低值易耗品，支付动力费用，取得的增值税专用发票上注明税额5.92万元。

（4）修理载货车，取得的增值税专用发票上注明进项税额2.34万元。

（5）取得货运业务收入（含税）116.55万元。

（6）取得装卸搬运服务收入（含税）12.72万元。

（7）取得经营性出租载货车（不配司机）收入（含税）70.20万元。

要求：计算该公司2017年8月的应纳增值税。

16.某租赁公司为增值税一般纳税人，2017年8月出租一批汽车，取得租金收入（不含税）187.20万元，以融资租赁方式出租设备，取得租金收入（不含税）128.70万元，出租办公楼取得租金收入（不含税）111万元。

要求：计算该公司2017年8月的增值税销项税额。

17.2017年8月，甲物流企业取得交通运输收入（不含税）200万元、物流辅助收入（不含税）200万元，款项已收。当月委托乙公司一项运输业务，取得乙企业开具的增值税专用发票，价款为20万元，注明的增值税税额为2.2万元。

要求：计算该企业当月的应纳增值税。

18.某酒店为增值税一般纳税人，2017年8月取得销售收入（含税）212万元，同期采购材料粮食、食用油等支出11.3万元，取得的增值税专用发票上注明的进项税额为1.3万元。

要求：计算该酒店8月的应纳增值税。

19.2017年6月，甲公司（一般纳税人）委托乙货物运输代理公司运输一批货物，合同价税合计10万元，其中，约定运输业务价税合计9万元，代理业务价税合计1万元。乙公司无运输工具，更无货物道路运输许可证等相关资质，须再委托实际承运人丙运输公司完成运输服务，支付8万元。

要求：计算该公司6月的应纳增值税。

20.2016年5月1日，某纳税人买了一座楼办公用，金额为1 000万元，进项税额为110万元。按规定5月当月抵扣66万元，2017年5月再抵扣剩余的44万元。可是在2017年4月，该纳税人将办公楼改造成员工食堂，用于集体福利。假设2017年4月该不动产的净值为800万元，不动产净值率为80%。

要求：请简要说明该纳税人2017年4月应如何处理。

21.2017年6月5日，某纳税人购进办公楼一座共计2 220万元（含税），计入固定资产，并于次月开始计提折旧，假定分10年计提，无残值。该大楼专用于技术开发，取得的收入均为免税收入。6月20日，该纳税人取得该大楼如下3份发票：增值税专用发票一份，并认证相符，专用发票注明的金额为1 000万元，税额为110万元；增值税专用发票一份，一直未认证，专用发票注明的金额为600万元，税额为66万元；增值税普通发票一份，注明的金额为400万元，税额为44万元。若2017年6月，纳税人将该大楼改变用途，用于允许抵扣项目。

要求：计算该纳税人2017年6月可抵扣进项税额。

22.某北京甲区纳税人（非自然人）于2017年6月30日转让其2014年购买的写字楼一层，取得转让收入1 000万元（含税，下同）。该写字楼位于乙城区。该纳税人2014年购买时的价格为700万元，取得了合法有效的营业税发票。

要求：如果该纳税人为增值税一般纳税人，对该笔业务选择简易计税方法，应如何在不动产所在地地税机关计算预缴税款？应如何在机构所在地申报纳税？假设纳税人其他业务6月份的应纳增值税为70万元。

23.某纳税人（非自然人）于2017年6月30日转让其2014年购买的写字楼一层，取得转让收入1 000万元。纳税人2014年购买时的价格为700万元。假设该纳税人为增值税一般纳税人，并对转让该房产选择了简易计税方法。

要求：该纳税人在不动产所在地地税机关预缴税款后，回到机构所在地如何计算应纳税额？

24.张三户口所在地为北京，在深圳工作，长期在深圳居住。张三在海南买了一套海景房，价值80万元。2017年，张三将海南的房产以100万元卖出。假设张三销售该海景房可以享受差额征税政策。

要求：张三应如何计算应纳税额？张三应向哪里的国税或地税机关缴纳税款？是否需要回户口所在地或者长期居住地申报纳税？

25.甲公司为“营改增”后建筑业增值税一般纳税人，适用的增值税税率为11%，购买原材料时，有以下几种方案可供选择：一是从一般纳税人乙公司购买，含税价格为12 000元，乙公司适用的增值税税率为17%；二是从小规模纳税人丙商业公司购买，可取得由税务机关代开的征收率为3%的专用发票，含税价格为11 000元；三是从小规模纳税人丁工业企业购买，只能取得普通发票，含税价格为10 000元。假设甲公司购进原材料作为施工材料。假设当期甲公司的营业额为20 000元（不含税）。

要求：计算三种方案下甲公司的销项税额、应纳税额。

26.甲钢结构生产企业销售钢结构的同时为客户进行安装，假设总价为10 000万元（不含税），钢结构价值8 000万元、安装费2 000万元，成本为6 000万元，进项税额为1 020万元。

要求：（1）如果企业签订的是购销合同，应纳增值税多少？（2）如果企业与客户签订销售合同，金额为8 000万元（不含税），与总包方签订安装合同，金额为2 000万元。则应纳税额为多少？

27.某风电设备生产企业，年不含税销售额为25 000万元，其中收取的运费为1 000万元，成本为17 500万元，进项税额为2 975万元。

要求：（1）如企业与客户签订购销合同，则应纳税额为多少？（2）如果企业将自有车辆整合，设立独立核算的运输公司负责产品运输，则应纳税额为多少？

六、账务处理题

1.某建筑公司（一般纳税人）于2017年1月份购进一台施工设备并投入使用，取得的增值税专用发票上注明的价款、税款分别为80 000元、13 600元。设备款已转账付讫。该台施工设备提供的所有建筑服务，均按规定选择适用简易计税方法计算缴纳增值税。

要求：根据上述资料进行账务处理。

2.某公司（一般纳税人）将一套生产经营用的器具交付本企业福利部门使用。该套器具原值为60 000元（不含增值税）；进项税额10 200元已在购进月份申报抵扣。公司确定的该套器具折旧年限为5年，现已使用1年，累计折旧为12 000元。

要求：根据上述资料进行账务处理。

3.某公司（一般纳税人）于2016年12月份购进房屋（经营用房）并取得增值税专用发票，发票上注明的价款、税款分别为2 000万元、220万元。该公司取得的增值税专用发票已于取得当月通过认证或查询确认。

要求：根据上述资料进行账务处理。

4.某公司（一般纳税人）于2016年12月份购进生产用原材料并取得增值税专用发票，其进项税额已在购进月份申报抵扣。2017年1月份，公司将其中的一部分转用于新建不动产，转用材料的实际成本为200万元，增值税税率为17%。

要求：根据上述资料进行账务处理。

5.某企业（一般纳税人）将自制冰柜用于职工食堂。该台冰柜实际成本为4000元，售价为6 000元（不含增值税），增值税税率为17%。

要求：根据上述资料进行账务处理。

6.某企业（一般纳税人）将一批自制保健品发放给单位职工。该批保健品售价金额

（不含增值税）50 000元，实际成本为40 000元，增值税税率为17%。

要求：根据上述资料进行账务处理。

7.某企业（一般纳税人）将一批自制产品通过民政部门捐赠给遭受水灾的地区，取得合法的公益性捐赠票据。该批商品实际成本为150万元，售价为200万元（不含增值税），适用的增值税税率为17%。

要求：根据上述资料进行账务处理。

8.甲公司（一般纳税人）于2017年1月将已抵扣进项税额的一套设备出租给乙公司使用。租赁合同约定：租赁期限3年，每年租金28.08万元（含增值税），每年1月份收取当年度租金。

要求：根据上述资料进行账务处理。

9.假如甲公司（一般纳税人）于2017年1月将以前购进的不得抵扣且未抵扣进项税额的一套设备出租给乙公司使用。租赁合同约定：租赁期限3年；每年租金12.36万元（含增值税）；每年1月份收取当年度租金，选择简易计税方法计算缴纳增值税。

要求：根据上述资料进行账务处理。

10.甲公司（一般纳税人）于2017年1月将2016年4月30日前取得的坐落于外县市的房屋出租给乙公司使用。租赁合同约定：租赁期限3年；每年租金126万元（含增值税）；每年1月份收取当年度租金。甲公司已向主管税务机关备案，选择简易计税方法计算缴纳增值税。

要求：根据上述资料进行账务处理。

11.甲公司（一般纳税人）于2017年1月将2016年5月1日后取得的坐落于外县市的房屋出租给乙公司使用。租赁合同约定：租赁期限3年；每年租金133.20万元（含增值税）；每年1月份收取当年度租金。

要求：根据上述资料进行账务处理。

12.甲公司（一般纳税人）自10月份开始有金融商品买卖业务。10月份，卖出价减去买入价后的差额为10.60万元；11月份，卖出价减去买入价后的差额为−21.20万元；12月份，卖出价减去买入价后的差额为15.90万元。

要求：根据上述资料进行账务处理。

七、综合实训题

实训一　一般纳税人增值税纳税申报表的填报

【实训资料】

企业名称：唐山厦华股份有限责任公司

企业性质：有限责任公司

企业地址及电话：唐山市北新西道120号2256286

企业所属行业：制造业

开户银行及账号：工行车站路分理处2688626

纳税人识别号：130203000020000008

唐山厦华股份有限责任公司是增值税一般纳税人，适用税率为17%，按月缴纳增值税；该企业执行《企业会计准则》，期初留抵增值税进项税额为3 800元，存货采用实际成本计价。2017年7月份发生下列经济业务：

（1）3日，购入A材料50 000千克，每千克单价10元，取得增值税专用发票，进项税额85 000元；另取得增值税专用发票，注明运费2 000元，注明税额220元。材料已入库，货款和运费已用银行存款支付。

（2）5日，向农民生产者收购用于生产加工的农产品一批，已验收入库，经税务机关批准的收购凭证上注明价款100 000元，货款已用现金支付。

（3）6日，购买机器设备一台，取得增值税专用发票，价款100 000元，增值税税额17 000元；购入小轿车一辆，取得增值税专用发票，价款120 000元，增值税税额20 400元。

（4）6日，支付市供水公司水费，取得增值税专用发票，注明水费6 000元，增值税税额360元。

（5）6日，委托外单位加工零部件，取得增值税专用发票，注明加工费2 000元，增值税税额340元。

（6）9日，从小规模纳税人手中购入B材料，取得普通发票，注明价款65 000元。

（7）11日，向乙公司销售M产品100台，单价10 000元，商业折扣10%，增值税税率17%，销售额和折扣额开在一张发票上，款项已收存银行。

（8）12日，向小规模纳税人售出W产品，开出17 550元的普通发票，收到支票存入银行。

（9）13日，向乙公司销售M产品20台，开出增值税专用发票，注明价款200 000元，增值税税额34 000元，产品已发出并办妥托收手续。

（10）19日，将W产品1台转为公司工程建设用，实际成本共计600元，税务机关认定的计税价格为800元。

（11）20日，将价值1 000元的上月外购的A材料移送本企业修缮产品仓库工程使用。

（12）21日，将V产品5台无偿捐赠给新化县希望工程，开具增值税专用发票，成本20 000元。

（13）26日，将Z产品100台发给职工作为福利，成本20 000元，税务机关认定的计税价格为30 000元。

（14）28日，上月销售的M产品2台发生销货退回，价款20 000元，应退增值税3 400元，企业开出红字增值税专用发票，并以银行存款支付退货款项。

（15）月末盘存发现上月购进的A材料300千克被盗，金额3 000元，上月已认证并申报抵扣。

上述发票均已认证并申报抵扣。

【实训要求】

（1）计算该企业7月份应纳的增值税税额；

（2）根据涉税资料作出相关会计处理；

（3）编制增值税纳税申报表主表及其附表（见表1-1至表1-6）。

表1-1

增值税纳税申报表

（一般纳税人适用）

根据国家税收法律法规及增值税相关规定制定本表。纳税人不论有无销售额，均应按税务机关核定的纳税期限填写本表，并向当地税务机关申报。

税款所属时间：自　　年　　月　　日至　　年　　月　　日

填表日期：　　年　　月　　日　　　　　　　　　　　　　　　　金额单位：元至角分

纳税人识别号			所属行业：			
纳税人名称	（公章）	法定代表人姓名		注册地址		生产经营地址
开户银行及账号		登记注册类型			电话号码	

项目		栏次	一般项目		即征即退项目	
			本月数	本年累计	本月数	本年累计
销售额	（一）按适用税率计税销售额	1				
	其中：应税货物销售额	2				
	应税劳务销售额	3				
	纳税检查调整的销售额	4				
	（二）按简易办法计税销售额	5				
	其中：纳税检查调整的销售额	6				
	（三）免、抵、退办法出口销售额	7			—	—
	（四）免税销售额	8			—	—
	其中：免税货物销售额	9			—	—
	免税劳务销售额	10			—	—
税款计算	销项税额	11				
	进项税额	12				
	上期留抵税额	13				—
	进项税额转出	14				
	免、抵、退应退税额	15			—	—
	按适用税率计算的纳税检查应补缴税额	16			—	—
	应抵扣税额合计	17=12+13-14-15+16		—		—
	实际抵扣税额	18（如17<11，则为17，否则为11）				
	应纳税额	19=11-18				
	期末留抵税额	20=17-18				—
	简易计税办法计算的应纳税额	21				
	按简易计税办法计算的纳税检查应补缴税额	22			—	—
	应纳税额减征额	23				
	应纳税额合计	24=19+21-23				

续表

项　目		栏次	一般项目 本月数	一般项目 本年累计	即征即退项目 本月数	即征即退项目 本年累计
税款缴纳	期初未缴税额（多缴为负数）	25				
	实收出口开具专用缴款书退税额	26			—	—
	本期已缴税额	27=28+29+30+31				
	①分次预缴税额	28		—		—
	②出口开具专用缴款书预缴税额	29		—	—	—
	③本期缴纳上期应纳税额	30				
	④本期缴纳欠缴税额	31				
	期末未缴税额（多缴为负数）	32=24+25+26-27				
	其中：欠缴税额（≥0）	33=25+26-27		—		—
	本期应补（退）税额	34＝24-28-29		—		—
	即征即退实际退税额	35	—	—		
	期初未缴查补税额	36			—	—
	本期入库查补税额	37			—	—
	期末未缴查补税额	38=16+22+36-37			—	—

授权声明

如果你已委托代理人申报，请填写下列资料：

为代理一切税务事宜，现授权

（地址）　　　　　　　　　　为本纳税人的代理申报人，任何与本申报表有关的往来文件，都可寄予此人。

授权人签字：

申报人声明

本纳税申报表是根据国家税收法律法规及相关规定填报的，我确定它是真实的、可靠的、完整的。

声明人签字：

主管税务机关：　　　　　　接收人：　　　　　　接收日期：

表1-2

增值税纳税申报表附列资料（一）

（本期销售情况明细）

税款所属时间：　　年　月　日至　年　月　日

纳税人名称：（公章）　　　　　　　　　　　　　　　　金额单位：元至角分

项目及栏次				开具增值税专用发票		开具其他发票		未开具发票		纳税检查调整		合计			服务、不动产和无形资产扣除项目本期实际扣除金额	扣除后	
				销售额	销项（应纳）税额	销售额	销项（应纳）税额	销售额	销项（应纳）税额	销售额	销项（应纳）税额	销售额	销项（应纳）税额	价税合计		含税（免税）销售额	销项（应纳）税额
				1	2	3	4	5	6	7	8	9=1+3+5+7	10=2+4+6+8	11=9+10	12	13=11-12	14=13÷（100%+税率或征收率）×税率或征收率
一、一般计税方法计税	全部征税项目	17%税率的货物及加工修理修配劳务	1											—	—	—	—
		17%税率的服务、不动产和无形资产	2														
		13%税率*	3											—	—	—	—
		11%税率	4														
		6%税率	5														
	其中：即征即退项目	即征即退货物及加工修理修配劳务	6	—	—	—	—	—	—	—	—			—	—	—	—
		即征即退服务、不动产和无形资产	7	—	—	—	—	—	—	—	—						

续表

项目及栏次				开具增值税专用发票		开具其他发票		未开具发票		纳税检查调整		合计			服务、不动产和无形资产扣除项目本期实际扣除金额	扣除后	
				销售额	销项（应纳）税额	销售额	销项（应纳）税额	销售额	销项（应纳）税额	销售额	销项（应纳）税额	销售额	销项（应纳）税额	价税合计		含税（免税）销售额	销项（应纳）税额
				1	2	3	4	5	6	7	8	9=1+3+5+7	10=2+4+6+8	11=9+10	12	13=11-12	14=13÷（100%+税率或征收率）×税率或征收率
二、简易计税方法计税	全部征税项目	6%征收率	8							—	—			—	—	—	—
		5%征收率的货物及加工修理修配劳务	9a							—	—			—	—	—	—
		5%征收率的服务、不动产和无形资产	9b							—	—						
		4%征收率	10							—	—			—	—	—	—
		3%征收率的货物及加工修理修配劳务	11							—	—			—	—	—	—
		3%征收率的服务、不动产和无形资产	12							—	—						
		预征率　　%	13a							—	—						
		预征率　　%	13b							—	—						
		预征率　　%	13c							—	—						
	其中：即征即退项目	即征即退货物及加工修理修配劳务	14	—	—	—	—	—	—	—	—			—	—	—	—
		即征即退服务、不动产和无形资产	15	—	—	—	—	—	—	—	—						

续表

项目及栏次			开具增值税专用发票		开具其他发票		未开具发票		纳税检查调整		合计			服务、不动产和无形资产扣除项目本期实际扣除金额	扣除后	
			销售额	销项（应纳）税额	销售额	销项（应纳）税额	销售额	销项（应纳）税额	销售额	销项（应纳）税额	销售额	销项（应纳）税额	价税合计		含税（免税）销售额	销项（应纳）税额
			1	2	3	4	5	6	7	8	9=1+3+5+7	10=2+4+6+8	11=9+10	12	13=11-12	14=13÷（100%+税率或征收率）×税率或征收率
三、免抵退税	货物及加工修理修配劳务	16	—	—		—		—	—	—		—	—	—	—	—
	服务、不动产和无形资产	17	—	—		—		—	—	—		—				—
四、免税	货物及加工修理修配劳务	18				—		—	—	—		—	—	—	—	—
	服务、不动产和无形资产	19	—	—		—		—	—	—		—				—

*根据《关于简并增值税税率有关政策的通知》（财税〔2017〕37号），自2017年7月1日起，取消13%的增值税税率。

表 1-3

增值税纳税申报表附列资料（二）

（本期进项税额明细）

税款所属时间：　　年　　月　　日至　　年　　月　　日

纳税人名称：（公章）　　　　　　　　金额单位：元至角分

一、申报抵扣的进项税额				
项　　目	栏次	份数	金额	税额
（一）认证相符的增值税专用发票	1=2+3			
其中：本期认证相符且本期申报抵扣	2			
前期认证相符且本期申报抵扣	3			
（二）其他扣税凭证	4=5+6+7+8			
其中：海关进口增值税专用缴款书	5			
农产品收购发票或者销售发票	6			
代扣代缴税收缴款凭证	7		—	
其他	8			
（三）本期用于购建不动产的扣税凭证	9			
（四）本期不动产允许抵扣进项税额	10	—	—	
（五）外贸企业进项税额抵扣证明	11	—	—	
当期申报抵扣进项税额合计	12=1+4-9+10+11			

二、进项税额转出额		
项　　目	栏次	税额
本期进项税额转出额	13=14至23之和	
其中：免税项目用	14	
集体福利、个人消费	15	
非正常损失	16	
简易计税方法征税项目用	17	
免抵退税办法不得抵扣的进项税额	18	

续表

二、进项税额转出额		
项　　目	栏次	税额
纳税检查调减进项税额	19	
红字专用发票信息表注明的进项税额	20	
上期留抵税额抵减欠税	21	
上期留抵税额退税	22	
其他应作进项税额转出的情形	23	

三、待抵扣进项税额				
项　　目	栏次	份数	金额	税额
（一）认证相符的增值税专用发票	24	—	—	—
期初已认证相符但未申报抵扣	25			
本期认证相符且本期未申报抵扣	26			
期末已认证相符但未申报抵扣	27			
其中：按照税法规定不允许抵扣	28			
（二）其他扣税凭证	29=30至33之和			
其中：海关进口增值税专用缴款书	30			
农产品收购发票或者销售发票	31			
代扣代缴税收缴款凭证	32		—	
其他	33			
	34			

四、其他				
项　　目	栏次	份数	金额	税额
本期认证相符的增值税专用发票	35			
代扣代缴税额	36	—	—	

表 1-4 **增值税纳税申报表附列资料（三）**

（服务、不动产和无形资产扣除项目明细）

税款所属时间： 年 月 日至 年 月 日

纳税人名称：（公章） 金额单位：元至角分

项目及栏次		本期服务、不动产和无形资产价税合计额（免税销售额）	服务、不动产和无形资产扣除项目				
			期初余额	本期发生额	本期应扣除金额	本期实际扣除金额	期末余额
		1	2	3	4=2+3	5（5≤1且5≤4）	6=4-5
17%税率的项目	1						
11%税率的项目	2						
6%税率的项目（不含金融商品转让）	3						
6%税率的金融商品转让项目	4						
5%征收率的项目	5						
3%征收率的项目	6						
免抵退税的项目	7						
免税的项目	8						

表 1-5 **固定资产（不含不动产）进项税额抵扣情况表**

纳税人名称：（公章） 填表日期： 年 月 日 金额单位：元至角分

项 目	当期申报抵扣的固定资产进项税额	申报抵扣的固定资产进项税额累计
增值税专用发票		
海关进口增值税专用缴款书		
合 计		

表1-6 **本期抵扣进项税额结构明细表**

税款所属时间： 年 月 日至 年 月 日

纳税人名称：(公章) 金额单位：元至角分

项 目	栏 次	金额	税额
合 计	1=2+4+5+10+13+15+17+18+19		
17%税率的进项	2		
其中：有形动产租赁的进项	3		
13%税率的进项*	4		
11%税率的进项	5		
其中：货物运输服务的进项	6		
建筑安装服务的进项	7		
不动产租赁服务的进项	8		
购入不动产的进项	9		
6%税率的进项	10		
其中：直接收费金融服务的进项	11		
财产保险的进项	12		
5%征收率的进项	13		
其中：购入不动产的进项	14		
3%征收率的进项	15		
其中：建筑安装服务的进项	16		
1.5%征收率的进项	17		
农产品核定扣除进项	18		
外贸企业进项税额抵扣证明注明的进项	19		
	20		
	21		

*根据《关于简并增值税税率有关政策的通知》(财税〔2017〕37号)，自2017年7月1日起，取消13%的增值税税率。

实训二 小规模纳税人增值税纳税申报表的填报

【实训资料】

企业名称：唐山方正有限责任公司

企业地址及电话：唐山市新华西道120号 2251348

企业所属行业：商业企业

开户银行及账号：工行车站路分理处2237383

纳税人识别号：130203001020000030

唐山方正有限责任公司为增值税小规模纳税人，2017年7月发生以下销售业务：

（1）销售一批产品给某商场，销售收入为41 200元。

（2）销售一批产品给个人消费者，销售收入为6 180元。

（3）销售一批产品给甲企业，由税务机关代开增值税专用发票，注明销货款20 000元，增值税税额600元。

【实训要求】

（1）计算该企业7月份应纳的增值税税额；

（2）根据资料作出相关会计处理；

（3）编制增值税纳税申报表主表，增值税纳税申报表（小规模纳税人适用）见表1-7。

表1-7　**增值税纳税申报表**

（小规模纳税人适用）

纳税人识别号：□□□□□□□□□□□□□□□□□□

纳税人名称（公章）：　　　　金额单位：元至角分

税款所属期：　年　月　日至　年　月　日　　　填表日期：　年　月　日

	项目	栏次	本期数		本年累计	
			货物及劳务	服务、不动产和无形资产	货物及劳务	服务、不动产和无形资产
一、计税依据	（一）应征增值税不含税销售额（3%征收率）	1				
	税务机关代开的增值税专用发票不含税销售额	2				
	税控器具开具的普通发票不含税销售额	3				
	（二）应征增值税不含税销售额（5%征收率）	4	—		—	
	税务机关代开的增值税专用发票不含税销售额	5	—		—	
	税控器具开具的普通发票不含税销售额	6	—		—	
	（三）销售使用过的固定资产不含税销售额	7（7≥8）		—		—
	其中：税控器具开具的普通发票不含税销售额	8		—		—
	（四）免税销售额	9=10+11+12				
	其中：小微企业免税销售额	10				
	未达起征点销售额	11				
	其他免税销售额	12				
	（五）出口免税销售额	13（13≥14）				
	其中：税控器具开具的普通发票销售额	14				

续表

	项目	栏次	本期数		本年累计	
			货物及劳务	服务、不动产和无形资产	货物及劳务	服务、不动产和无形资产
二、税款计算	本期应纳税额	15				
	本期应纳税额减征额	16				
	本期免税额	17				
	其中：小微企业免税额	18				
	未达起征点免税额	19				
	应纳税额合计	20=15-16				
	本期预缴税额	21			—	—
	本期应补（退）税额	22=20-21			—	—

纳税人或代理人声明： 本纳税申报表是根据国家税收法律法规及相关规定填报的，我确定它是真实的、可靠的、完整的。	如纳税人填报，由纳税人填写以下各栏：	
	办税人员：	财务负责人：
	法定代表人：	联系电话：
	如委托代理人填报，由代理人填写以下各栏：	
	代理人名称（公章）：	经办人：
		联系电话：

主管税务机关： 接收人： 接收日期：

实训三 “营改增”一般纳税人留抵税款抵扣的填列

【实训资料】某市A公司为增值税一般纳税人，在2016年5月1日前，仅按照《增值税暂行条例》缴纳增值税，2016年4月30日期末留抵税额10万元。2016年5月，发生税率为17%的货物及劳务销项税额20万元，发生税率为11%的服务、不动产和无形资产的销项税额30万元，本月发生的进项税额为30万元。

【实训要求】编制2016年5月（税款所属期）的增值税纳税申报表及相关报表。增值税纳税申报表（一般纳税人适用）见表1-8，增值税纳税申报表附列资料（一）（本期销售情况明细）见表1-9。

表1-8

增值税纳税申报表

（一般纳税人适用）

根据国家税收法律法规及增值税相关规定制定本表。纳税人不论有无销售额，均应按税务机关核定的纳税期限填写本表，并向当地税务机关申报。

税款所属时间：自　　年　　月　　日至　　年　　月　　日

填表日期：　　年　　月　　日　　　　　　　　　　　　　　　　金额单位：元至角分

纳税人识别号		所属行业：				
纳税人名称	（公章）	法定代表人姓名		注册地址		生产经营地址
开户银行及账号		登记注册类型			电话号码	

项　目		栏次	一般项目		即征即退项目	
			本月数	本年累计	本月数	本年累计
销售额	（一）按适用税率计税销售额	1				
	其中：应税货物销售额	2				
	应税劳务销售额	3				
	纳税检查调整的销售额	4				
	（二）按简易办法计税销售额	5				
	其中：纳税检查调整的销售额	6				
	（三）免、抵、退办法出口销售额	7			—	—
	（四）免税销售额	8			—	—
	其中：免税货物销售额	9			—	—
	免税劳务销售额	10			—	—
税款计算	销项税额	11				
	进项税额	12				
	上期留抵税额	13				—
	进项税额转出	14				
	免、抵、退应退税额	15			—	—
	按适用税率计算的纳税检查应补缴税额	16			—	—
	应抵扣税额合计	17=12+13−14−15+16		—		—
	实际抵扣税额	18（如17<11，则为17，否则为11）				
	应纳税额	19=11−18				
	期末留抵税额	20=17−18				—
	简易计税办法计算的应纳税额	21				
	按简易计税办法计算的纳税检查应补缴税额	22			—	—
	应纳税额减征额	23				
	应纳税额合计	24=19+21−23				

续表

项目		栏次	一般项目		即征即退项目	
			本月数	本年累计	本月数	本年累计
税款缴纳	期初未缴税额（多缴为负数）	25				
	实收出口开具专用缴款书退税额	26			—	—
	本期已缴税额	27=28+29+30+31				
	①分次预缴税额	28		—		—
	②出口开具专用缴款书预缴税额	29		—	—	—
	③本期缴纳上期应纳税额	30				
	④本期缴纳欠缴税额	31				
	期末未缴税额（多缴为负数）	32=24+25+26−27				
	其中：欠缴税额（≥0）	33=25+26−27		—		—
	本期应补（退）税额	34=24−28−29		—		—
	即征即退实际退税额	35	—	—		
	期初未缴查补税额	36			—	—
	本期入库查补税额	37			—	—
	期末未缴查补税额	38=16+22+36−37			—	—

授权声明	如果你已委托代理人申报，请填写下列资料： 为代理一切税务事宜，现授权（地址）为本纳税人的代理申报人，任何与本申报表有关的往来文件，都可寄予此人。 授权人签字：	申报人声明	本纳税申报表是根据国家税收法律法规及相关规定填报的，我确定它是真实的、可靠的、完整的。 声明人签字：

主管税务机关：　　　　接收人：　　　　接收日期：

表1-9　**增值税纳税申报表附列资料（一）**

（本期销售情况明细）　金额单位：元至角分

项目及栏次		开具增值税专用发票		开具其他发票		未开具发票		纳税检查调整		合计		
		销售额	销项（应纳）税额	销售额	销项（应纳）税额	销售额	销项（应纳）税额	销售额	销项（应纳）税额	销售额	销项（应纳）税额	价税合计
		1	2	3	4	5	6	7	8	9=1+3+5+7	10=2+4+6+8	11=9+10
17%税率的货物及加工修理修配劳务	1											—
17%税率的服务、不动产和无形资产	2											
13%税率*	3											—
11%税率	4											
6%税率	5											
即征即退货物及加工修理修配劳务	6	—	—	—	—	—	—	—	—			—
即征即退服务、不动产和无形资产	7	—	—	—	—	—	—	—	—			

*根据《关于简并增值税税率有关政策的通知》（财税〔2017〕37号），自2017年7月1日起，取消13%的增值税税率。

实训四　一般纳税人原来不允许抵扣的不动产发生用途变化，用于允许抵扣项目的填列

【实训资料】2016年6月5日，某市A公司购进办公楼一座，金额为1 000万元，取得增值税专用发票1张，并已通过认证。该大楼专用于免税项目，计入固定资产，并于次月开始计提折旧，假定分10年计提，无残值。2017年6月，纳税人将该大楼改变用途，用于允许抵扣项目。

【实训要求】编制2017年7月（税款所属期）的增值税纳税申报表附列资料（二）（本期进项税额明细），见表1-10。

表1-10 **增值税纳税申报表附列资料（二）**

（本期进项税额明细）

税款所属时间：　　年　　月　　日至　　年　　月　　日

纳税人名称：（公章）　　　　　　　　　　　　　　　　　金额单位：元至角分

一、申报抵扣的进项税额				
项　　目	栏次	份数	金额	税额
（一）认证相符的增值税专用发票	1=2+3			
其中：本期认证相符且本期申报抵扣	2			
前期认证相符且本期申报抵扣	3			
（二）其他扣税凭证	4=5+6+7+8			
其中：海关进口增值税专用缴款书	5			
农产品收购发票或者销售发票	6			
代扣代缴税收缴款凭证	7		—	
其他	8			
（三）本期用于购建不动产的扣税凭证	9			
（四）本期不动产允许抵扣进项税额	10	—	—	
（五）外贸企业进项税额抵扣证明	11	—	—	
当期申报抵扣进项税额合计	12=1+4-9+10+11			
⋮				

实训五　“营改增”一般纳税人本期用于购建不动产项目的填列

【实训资料】2017年5月10日，某市A增值税一般纳税人购进办公大楼一座，该大楼用于公司办公，计入固定资产，并于次月开始计提折旧。5月20日，该纳税人取得该大楼的增值税专用发票并认证相符，增值税专用发票注明的金额为1 000万元，增值税税额为110万元。

【实训要求】编制2017年5月（税款所属期）的增值税纳税申报表附列资料（二）（本期进项税额明细），见表1-11。

表 1-11　**增值税纳税申报表附列资料（二）**

（本期进项税额明细）

税款所属时间：　年　月　日至　年　月　日

纳税人名称：（公章）　金额单位：元至角分

一、申报抵扣的进项税额				
项　目	栏次	份数	金额	税额
（一）认证相符的增值税专用发票	1=2+3			
其中：本期认证相符且本期申报抵扣	2			
前期认证相符且本期申报抵扣	3			
（二）其他扣税凭证	4=5+6+7+8			
其中：海关进口增值税专用缴款书	5			
农产品收购发票或者销售发票	6			
代扣代缴税收缴款凭证	7		—	
其他	8			
（三）本期用于购建不动产的扣税凭证	9			
（四）本期不动产允许抵扣进项税额	10	—	—	
（五）外贸企业进项税额抵扣证明	11	—	—	
当期申报抵扣进项税额合计	12=1+4-9+10+11			

二、进项税额转出额		
项　目	栏次	税额
本期进项税额转出额	13=14至23之和	
其中：免税项目用	14	
集体福利、个人消费	15	
非正常损失	16	
简易计税方法征税项目用	17	
免抵退税办法不得抵扣的进项税额	18	
纳税检查调减进项税额	19	

续表

二、进项税额转出额				
项　　目	栏次	税额		
红字专用发票信息表注明的进项税额	20			
上期留抵税额抵减欠税	21			
上期留抵税额退税	22			
其他应作进项税额转出的情形	23			
三、待抵扣进项税额				
项　　目	栏次	份数	金额	税额
（一）认证相符的增值税专用发票	24	—	—	—
期初已认证相符但未申报抵扣	25			
本期认证相符且本期未申报抵扣	26			
期末已认证相符但未申报抵扣	27			
其中：按照税法规定不允许抵扣	28			
（二）其他扣税凭证	29=30至33之和			
其中：海关进口增值税专用缴款书	30			
农产品收购发票或者销售发票	31			
代扣代缴税收缴款凭证	32		—	
其他	33			
	34			
四、其他				
项　　目	栏次	份数	金额	税额
本期认证相符的增值税专用发票	35			
代扣代缴税额	36	—	—	

实训六　“营改增”一般纳税人其他应作进项税额转出的情形的填列

【实训资料】2017年9月10日，某市A纳税人购入一批外墙瓷砖，取得增值税专用发票并认证相符，专用发票注明的增值税税额为30万元；因纳税人购进该批瓷砖时未决定是否用于不动产（可能用于销售），因此在购进的当期全额抵扣进项税额。若11月20日，纳税人将该批瓷砖耗用于新建的综合办公大楼在建工程。

【实训要求】编制2017年11月（税款所属期）的增值税纳税申报表附列资料（二）（本期进项税额明细），见表1-12。

表1-12

增值税纳税申报表附列资料（二）

（本期进项税额明细）

税款所属时间： 年 月 日至 年 月 日

纳税人名称：（公章） 金额单位：元至角分

一、申报抵扣的进项税额				
项 目	栏次	份数	金额	税额
（一）认证相符的增值税专用发票	1=2+3			
其中：本期认证相符且本期申报抵扣	2			
前期认证相符且本期申报抵扣	3			
（二）其他扣税凭证	4=5+6+7+8			
其中：海关进口增值税专用缴款书	5			
农产品收购发票或者销售发票	6			
代扣代缴税收缴款凭证	7		—	
其他	8			
（三）本期用于购建不动产的扣税凭证	9			
（四）本期不动产允许抵扣进项税额	10	—	—	
（五）外贸企业进项税额抵扣证明	11	—	—	
当期申报抵扣进项税额合计	12=1+4-9+10+11			

二、进项税额转出额		
项 目	栏次	税额
本期进项税额转出额	13=14至23之和	
其中：免税项目用	14	
集体福利、个人消费	15	
非正常损失	16	
简易计税方法征税项目用	17	
免抵退税办法不得抵扣的进项税额	18	
纳税检查调减进项税额	19	
红字专用发票信息表注明的进项税额	20	
上期留抵税额抵减欠税	21	

续表

二、进项税额转出额				
项　　目	栏次	税额		
上期留抵税额退税	22			
其他应作进项税额转出的情形	23			
三、待抵扣进项税额				
项　　目	栏次	份数	金额	税额
(一) 认证相符的增值税专用发票	24	—	—	—
期初已认证相符但未申报抵扣	25			
本期认证相符且本期未申报抵扣	26			
期末已认证相符但未申报抵扣	27			
其中：按照税法规定不允许抵扣	28			
(二) 其他扣税凭证	29=30至33之和			
其中：海关进口增值税专用缴款书	30			
农产品收购发票或者销售发票	31			
代扣代缴税收缴款凭证	32		—	
其他	33			
	34			
四、其他				
项　　目	栏次	份数	金额	税额
本期认证相符的增值税专用发票	35			
代扣代缴税额	36	—	—	

实训七　“营改增”一般纳税人发生服务、不动产和无形资产扣除项目的填列

【实训资料】某市A纳税人为增值税一般纳税人，2016年12月2日，买入金融商品B，买入价为210万元。12月25日，将金融商品B卖出，卖出价为200万元。A纳税人2016年仅发生了这一笔金融商品转让业务。2017年1月10日，该纳税人买入金融商品C，买入价为100万元。1月28日，将金融商品C卖出，卖出价为110万元。A纳税人在2017年1月仅发生了这一笔金融商品转让业务。

【实训要求】

(1) 编制A纳税人2016年12月（税款所属期）的增值税纳税申报表附列资料（三）(服务、不动产和无形资产扣除项目明细)，见表1-13。

(2) 编制A纳税人2017年1月（税款所属期）的增值税纳税申报表附列资料（三）(服务、不动产和无形资产扣除项目明细)，见表1-14。

表1-13

增值税纳税申报表附列资料（三）

（服务、不动产和无形资产扣除项目明细）

税款所属时间：　　年　　月　　日至　　年　　月　　日

纳税人名称：（公章）　　　　金额单位：元至角分

项目及栏次		本期服务、不动产和无形资产价税合计额（免税销售额）	服务、不动产和无形资产扣除项目				
			期初余额	本期发生额	本期应扣除金额	本期实际扣除金额	期末余额
		1	2	3	4=2+3	5（5≤1且5≤4）	6=4-5
17%税率的项目	1						
11%税率的项目	2						
6%税率的项目（不含金融商品转让）	3						
6%税率的金融商品转让项目	4						
5%征收率的项目	5						
3%征收率的项目	6						
免抵退税的项目	7						
免税的项目	8						

表1-14

增值税纳税申报表附列资料（三）

（服务、不动产和无形资产扣除项目明细）

税款所属时间：　　年　　月　　日至　　年　　月　　日

纳税人名称：（公章）　　　　金额单位：元至角分

项目及栏次		本期服务、不动产和无形资产价税合计额（免税销售额）	服务、不动产和无形资产扣除项目				
			期初余额	本期发生额	本期应扣除金额	本期实际扣除金额	期末余额
		1	2	3	4=2+3	5（5≤1且5≤4）	6=4-5
17%税率的项目	1						
11%税率的项目	2						
6%税率的项目（不含金融商品转让）	3						
6%税率的金融商品转让项目	4						
5%征收率的项目	5						
3%征收率的项目	6						
免抵退税的项目	7						
免税的项目	8						

实训八 "营改增"一般纳税人不动产分期抵扣的填列

【实训资料】2017年5月6日，某市甲增值税一般纳税人购进办公大楼一座，该大楼用于公司办公，计入固定资产，并于次月开始计提折旧。5月15日，该纳税人取得该大楼的增值税专用发票并认证相符，专用发票注明的金额为1 000万元，增值税税额为110万元。该纳税人在2017年仅发生这一项购入不动产的业务。

【实训要求】编制甲纳税人2017年5月（税款所属期）的增值税纳税申报表附列资料（五）（不动产分期抵扣计算表），见表1-15。

表1-15

增值税纳税申报表附列资料（五）

（不动产分期抵扣计算表）

税款所属时间： 年 月 日至 年 月 日

纳税人名称：（公章） 金额单位：元至角分

期初待抵扣不动产进项税额	本期不动产进项税额增加额	本期可抵扣不动产进项税额	本期转入的待抵扣不动产进项税额	本期转出的待抵扣不动产进项税额	期末待抵扣不动产进项税额
1	2	3≤1+2+4	4	5≤1+4	6=1+2-3+4-5

实训九 增值税小规模纳税人销售、出租不动产项目的填列

【实训资料】2017年7月10日，某市小规模纳税人A转让其购进的一处不动产，取得收入30.50万元，该不动产的购置原价为20万元。7月20日，A以10万元购入金融商品B，并于7月31日卖出，卖出价为11.03万元。该纳税人本月未发生其他增值税业务。

【实训要求】计算2017年7月应纳的增值税，并编制，增值税纳税申报表（小规模纳税人适用），见表1-16。

表1-16

增值税纳税申报表

（小规模纳税人适用）

纳税人识别号：□□□□□□□□□□□□□□□□□□□□

纳税人名称（公章）： 金额单位：元至角分

税款所属期： 年 月 日至 年 月 日 填表日期： 年 月 日

	项目	栏次	本期数		本年累计	
			货物及劳务	服务、不动产和无形资产	货物及劳务	服务、不动产和无形资产
一、计税依据	（一）应征增值税不含税销售额（3%征收率）	1				
	税务机关代开的增值税专用发票不含税销售额	2				
	税控器具开具的普通发票不含税销售额	3				
	（二）应征增值税不含税销售额（5%征收率）	4	—		—	
	税务机关代开的增值税专用发票不含税销售额	5	—		—	
	税控器具开具的普通发票不含税销售额	6	—		—	

续表

	项目	栏次	本期数		本年累计	
			货物及劳务	服务、不动产和无形资产	货物及劳务	服务、不动产和无形资产
一、计税依据	（三）销售使用过的固定资产不含税销售额	7（7≥8）		—		—
	其中：税控器具开具的普通发票不含税销售额	8		—		—
	（四）免税销售额	9=10+11+12				
	其中：小微企业免税销售额	10				
	未达起征点销售额	11				
	其他免税销售额	12				
	（五）出口免税销售额	13（13≥14）				
	其中：税控器具开具的普通发票销售额	14				
二、税款计算	本期应纳税额	15				
	本期应纳税额减征额	16				
	本期免税额	17				
	其中：小微企业免税额	18				
	未达起征点免税额	19				
	应纳税额合计	20=15−16				
	本期预缴税额	21			—	—
	本期应补（退）税额	22=20−21			—	—

纳税人或代理人声明：	如纳税人填报，由纳税人填写以下各栏：
本纳税申报表是根据国家税收法律法规及相关规定填报的，我确定它是真实的、可靠的、完整的。	办税人员：　财务负责人： 法定代表人：　联系电话：
	如委托代理人填报，由代理人填写以下各栏：
	代理人名称（公章）：　经办人： 联系电话：

主管税务机关：　　接收人：　　接收日期：

项目二 消费税

一、单项选择题

1. 下列消费品中，实行从量计征的是（　　）。

A. 黄酒　　B. 酒精　　C. 小汽车　　D. 高尔夫球

2. 委托加工应税消费品是指（　　）。

A. 由受托方以委托方名义购进原材料生产的产品

B. 由受托方提供原材料生产的产品

C. 由受托方将原材料卖给委托方，然后再接受加工的产品

D. 由委托方提供原材料和主要材料，受托方只收取加工费和代垫部分辅助材料加工的产品

3. 现行消费税的计税依据是指（　　）。

A. 含消费税而不含增值税的销售额　　B. 含消费税且含增值税的销售额

C. 不含消费税而含增值税的销售额　　D. 不含消费税也不含增值税的销售额

4. 纳税人用外购应税消费品连续生产应税消费品，在计算纳税时，其外购应税消费品已纳消费税税款的处理办法是（　　）。

A. 该已纳税款当期可以全部扣除

B. 该已纳税款当期可扣除50%

C. 可对外购应税消费品当期领用部分的已纳税款予以扣除

D. 该已纳税款当期不得扣除

5. 计算自产自用应税消费品应纳消费税时，若没有同类应税消费品销售价格，按组成计税价格计算，其组成计税价格为（　　）。

A.（成本+利润）÷（1−消费税税率）

B.（成本+利润）÷（1+消费税税率）

C.（成本+利润）÷（1−增值税税率或征收率）

D.（成本+利润）÷（1+增值税税率或征收率）

6. 纳税人进口应税消费品，应当自海关填发税款缴款书的次日起（　　）日内缴纳税款。

A.5　　B.7　　C.10　　D.15

7. 某酒厂某月生产税率为20%的粮食白酒，又生产税率为10%的其他酒，该厂未分别核算上述两种酒的销售额，在计算消费税应纳税额时，应适用的税率为（　　）。

A.20%　　B.15%　　C. 不确定　　D.10%

8. 某卷烟厂将一批特制的烟丝作为福利分给本厂职工，已知该批烟丝的生产成本为10 000元，其应纳消费税为（　　）元。

A.4 200　　B.3 000　　C.4 500　　D.4 285

9.委托加工应税消费品的组成计税价格计算公式为（　　）。

A.（材料成本+加工费）÷（1−消费税税率）

B.（材料成本+利润）÷（1−消费税税率）

C.（材料成本+加工费）÷（1+消费税税率）

D.（材料成本+利润）÷（1+消费税税率）

10.进口应税消费品组成计税价格计算公式为（　　）。

A.（关税完税价格+关税）÷（1−消费税税率）

B.（关税完税价格+关税）÷（1+消费税税率）

C.（关税完税价格+关税）×消费税税率

D.（关税完税价格−关税）÷（1−消费税税率）

11.委托加工应税消费品委托方收回后直接用于销售，支付受托方代收代缴消费税的会计分录为（　　）。

A.借：委托加工物资
　　贷：银行存款

B.借：税金及附加
　　贷：银行存款

C.借：应交税费——应交消费税
　　贷：银行存款

D.借：应交税费——代扣代缴消费税
　　贷：银行存款

12.下列行为应该缴纳消费税的是（　　）。

A.进口卷烟　　B.进口服装　　C.零售白酒　　D.零售化妆品

13.某烟厂6月份外购烟丝，取得增值税专用发票上注明的税款为8.5万元，本月生产领用80%，期初库存烟丝2万元，期末库存烟丝12万元，该企业本月应扣除的消费税为（　　）万元。

A.6.8　　B.9.6　　C.12　　D.40

14.下列情形中应当征收消费税的是（　　）。

A.外购零部件组装电视机销售

B.委托加工的粮食白酒收回后用于职工福利

C.委托加工的粮食白酒收回后直接销售

D.商业企业外购已税珠宝玉石加工成金银首饰后销售

15.下列消费品中应该征收消费税的是（　　）。

A.高尔夫球　　B.护肤护发品　　C.汽车轮胎　　D.电动车

二、多项选择题

1.纳税人自产自用的应税消费品，用于（　　）的，应缴纳消费税。

A.在建工程　　B.职工福利

C.管理部门　　D.连续生产应税消费品

2.下列应税消费品中，以同期应税消费品最高销售价格作为计税依据的有（　　）。

A.用于抵偿债务的应税消费品　　B.用于馈赠的应税消费品

C.用于换取生产资料的应税消费品　　D.用于换取消费资料的应税消费品

3.下列表述中正确的有（　　）。

A.消费税是价内税

B.消费税是价外税

C.实行从价定率征收的消费品，是以含消费税而不含增值税的销售额为计税依据

D.实行从价定率征收的消费品，是以含有消费税和增值税的销售额为计税依据

4.下列应税消费品中，采用复合计税方法计算消费税的有（　　）。

A.烟丝　　B.卷烟　　C.白酒　　D.酒精

5.木材加工厂将自产的一批实木地板用于在建工程的会计分录为（　　）。

A.借：在建工程

　　贷：应交税费——应交增值税（销项税额）

B.借：在建工程

　　贷：应交税费——应交消费税

C.借：税金及附加

　　贷：应交税费——应交消费税

D.借：在建工程

　　贷：库存商品

6.按从量定额计算消费税时，其计税依据包括（　　）。

A.销售应税消费品，为应税消费品的销售数量

B.委托加工应税消费品，为加工收回的应税消费品数量

C.自产自用应税消费品（用于连续生产应税消费品的除外），为移送使用数量

D.进口的应税消费品，为进口应税消费品数量

7.在下列情形中，在计税时准予扣除外购或委托加工应税消费品已纳的消费税税款的有（　　）。

A.用外购已税的烟丝生产的卷烟

B.用外购已税的化妆品生产的化妆品

C.以委托加工收回的已税实木地板为原料生产的实木地板

D.以委托加工收回的已税酒精为原料生产的白酒

8.消费税纳税环节包括（　　）。

A.批发环节　　B.进口环节　　C.零售环节　　D.生产销售环节

9.下列实行从量定额征税的应税消费品主要有（　　）。

A.黄酒　　B.汽油　　C.柴油　　D.啤酒

10.某烟草商进口烟丝，报关时由海关征收的税种有（　　）。

A.关税　　B.增值税　　C.资源税　　D.消费税

11.我国现行消费税的税率主要有（　　）。

A.定额税率　　B.比例税率　　C.累进税率　　D.复合税率

12.下列属于零售环节征收消费税的货物有（　　）。

A.珠宝玉石　　B.金银首饰　　C.钻石　　D.钻石饰品

13. 下列表述中正确的有（　　）。

A. 卷烟：每标准箱定额税率为150元，每标准条售价大于等于70元时，税率为56%，每标准条售价小于70元时，税率为36%

B. 高档化妆品的税率为15%

C. 粮食白酒的定额税率为0.5元/500克，比例税率为20%

D. 薯类白酒的定额税率为0.5元/500克，比例税率为20%

14. 下列属于消费税纳税义务人的有（　　）。

A. 生产应税消费品的单位和个人　　B. 进口应税消费品的单位和个人

C. 委托加工应税消费品的单位和个人　　D. 金银首饰的零售单位和个人

15. 某酒厂是增值税一般纳税人，欠甲公司货款50 000元，经双方协商以自产粮食白酒10吨抵偿债务，该粮食白酒成本为3 000元/吨，每吨售价为4 800～5 200元，平均售价为5 000元/吨。以下处理正确的有（　　）。

A. 增值税的计税依据为50 000元

B. 消费税的计税依据为52 000元

C. 借：应付账款　　50 000
　　营业外支出　　8 500
　　贷：主营业务收入　　50 000
　　　　应交税费——应交增值税（销项税额）　　8 500

D. 借：税金及附加　　20 400
　　贷：应交税费——应交消费税　　20 400

三、判断题

1. 纳税人委托加工的应税消费品均由受托方在向委托方交货时代收代缴消费税。（　　）

2. 纳税人兼营不同税率的应税消费品，应当分别核算不同税率应税消费品的销售额或销售数量；未分别核算的，按最高税率征税。（　　）

3. 委托加工的应税消费品，受托方在交货时已代收代缴消费税，委托方收回后直接出售的，不再征收消费税。（　　）

4. 用外购已税的应税消费品连续生产应税消费品计算征收消费税时，按当期购入数量计算准予扣除的消费税税款。（　　）

5. 生产企业销售酒类产品而收取的包装物押金，无论押金是否返还及会计上如何核算，均不需并入酒类产品销售额计征消费税。（　　）

6. 纳税人将自产自用的应税消费品用作广告或样品，应于移送使用时按销售应税消费品计算缴纳消费税。（　　）

7. 对应税消费品征收消费税后，不再征收增值税。（　　）

8. 受托方以委托方的名义购买原材料生产应税消费品的，可作为委托加工的应税消费品，由受托方向委托方交货时代收代缴。（　　）

9. 纳税人将自产的应税消费品，用于连续生产应税消费品，不需缴纳消费税。（　　）

10. 纳税人将自产、委托加工收回和进口的应税消费品发放给本企业职工，均应视同销售征收消费税和增值税。（　　）

11.消费税属于流转税、中央税和价内税。 （ ）

12.纳税人用于换取生产资料和消费资料、投资入股、抵偿债务的应税消费品，应以纳税人同类消费品的最高销售价格为计税依据计算消费税。 （ ）

13.委托加工的应税消费品，应按受托方的同类消费品的销售价格征收消费税。 （ ）

14.进口应税消费品时，由海关代征的消费税，应该计入应税消费品的成本，借记“固定资产”“材料采购”等科目。 （ ）

15.纳税人进口应税消费品，应当自海关填发税款缴款书次日起15天内缴纳税款。 （ ）

四、简答题

1.消费税和增值税相比，在纳税环节上有什么不同？

2.消费税对哪些消费品征税？与增值税相比有什么不同？

3.消费税和增值税的计税依据有什么不同？

4.委托加工的应税消费品，其增值税的计税依据与消费税的计税依据有什么不同？

5.委托加工的应税消费品，收回后直接对外销售与连续生产应税消费品，两种情况在税务处理上有什么不同？

6.将自产的应税消费品与委托加工的应税消费品连续生产应税消费品，两种情况在税务处理上有什么不同？

五、实务题

1.某日化厂为增值税一般纳税人，2017年5月销售高档化妆品，开具的增值税专用发票上注明的销售额为400 000元，开具的普通发票上注明的销售额为23 400元。

要求：计算该日化厂5月份应纳的消费税税额，并作出相关会计处理。

2.某卷烟厂为增值税一般纳税人，2017年8月销售卷烟10箱，每箱价格为50 000元（不含税），这些卷烟是用外购的烟丝生产的，已知烟丝的买价为117 000元（含税）。

要求：计算该卷烟厂8月份应纳的消费税税额，并作出相关会计处理。

3.某化妆品公司2017年为庆祝“三·八”妇女节，特别生产精美套装化妆品（属高档化妆品），全公司100名职工每人发一套。此化妆品尚未上市销售，每套生产成本为2 000元，若国家税务总局确定化妆品全国平均成本利润率为5%，高档化妆品消费税税率为15%。

要求：计算该公司应纳消费税税额，并作出相关会计处理。

4.某黄酒厂2017年6月份的销售情况如下：

（1）销售瓶装黄酒50吨，每吨4 680元（含增值税），随黄酒发出不单独计价包装箱500个，一个月内退回，每个收取押金100元，共收取押金50 000元。

（2）销售散装黄酒40吨，取得含增值税的价款180 000元。

（3）作为福利发给职工黄酒5吨，销售额为40 000元。

要求：计算该黄酒厂本月应纳消费税税额，并作出相关会计处理。

5.A卷烟厂2017年8月份发生如下经济业务：

（1）5日，购买一批烟叶，取得增值税专用发票，注明的价款为200 000元，增值税税额为34 000元。

（2）15日，将8月5日购进的烟叶发往B加工厂，委托B厂加工成烟丝，收到的增值税专用发票注明的加工费为80 000元，税款为13 600元。

(3) A卷烟厂收回烟丝后领用一半用于卷烟生产，另一半直接出售，取得价款360 000元，增值税税额为61 200元。

(4) 25日，A卷烟厂销售卷烟200箱，每箱不含税售价为5 000元，款项已存入银行。

(5) B加工厂无同类烟丝销售价格。

要求：计算该厂当期应纳的消费税税额，并分别为A卷烟厂、B加工厂作账务处理。

6.某日化厂2017年4月份发生以下各项业务：

(1) 从国外进口一批高档化妆品，关税完税价格为80 000元，缴纳关税40 000元。

(2) 以价值100 000元的原材料委托他厂加工高档防皱化妆品，支付加工费60 000元，该批加工产品（受托方没有同类货物价格可以参照）已收回。

要求：计算该日化厂当期应纳的消费税税额，并作出委托方及受托方的账务处理。

六、综合实训题

【实训资料】

企业名称：唐山盛华股份有限责任公司

企业性质：国有企业（一般纳税人）

企业地址及电话：唐山市西山道××号0315−28432××

企业所属行业：工业企业

开户银行及账号：工行西山道分理处21−456××

纳税人识别号：1302037856249000××

该企业主要生产经营酒类、卷烟和化妆品。2017年5月份发生如下经济业务：

(1) 4日，将自己生产的啤酒2吨作为福利发给职工。该啤酒出厂价为3 200元/吨，成本为2 400元/吨。

(2) 10日，用自产粮食白酒30吨抵偿芦台农场货款200 000元，不足或多余部分不再结算。该粮食白酒本月售价每吨在5 500～6 500元，平均售价为6 000元。

(3) 16日，将一批自产的高档化妆品作为福利发给职工，这批化妆品的成本为10 000元。假设该类化妆品不存在同类消费品销售价格。其消费税税率为15%，应税化妆品全国平均成本利润率为5%。

(4) 12日，向华盛超市销售用上月外购烟丝生产的甲类卷烟20标准箱，每标准条调拨价格为60元，共计300 000元（购入烟丝支付含增值税价款81 900元，烟丝的消费税税率为30%），采取托收承付结算方式，货已发出并办妥托收手续。

(5) 24日，从国外购进成套高档化妆品，关税完税价格为60 000美元，关税税率为50%。假定当日美元对人民币的汇率为1：6.20，货款全部以银行存款付清。

(6) 29日，将一批生产化妆品的材料80 000元交给路北日化生产公司，委托其加工一批高档化妆品，受托方已代垫辅助材料5 000元（款已付）。本月应支付的加工费为10 000元（不含税）。27日，公司以银行存款付清全部款项。28日，公司收回已加工完成的化妆品，支付运输单位运输费用8 000元，取得增值税专用发票。30日，该化妆品全部用于销售，售价为160 000元，款已收到。

【实训要求】

(1) 计算2017年5月份该公司应缴纳的增值税和消费税。

（2）编制卷烟、白酒及高档化妆品的消费税纳税申报表。烟类应税消费品消费税纳税申报表见表2-1，酒类应税消费品消费税纳税申报表见表2-2，其他应税消费品消费税纳税申报表见表2-3。

表2-1 **烟类应税消费品消费税纳税申报表**

税款所属期： 年 月 日至 年 月 日

纳税人名称（公章）： 纳税人识别号：□□□□□□□□□□□□□□□□□□

填表日期： 年 月 日 单位：卷烟万支、雪茄烟支、烟丝千克；金额单位：元（列至角分）

项目 应税消费品名称	适用税率		销售数量	销售额	应纳税额
	定额税率	比例税率			
甲类卷烟					
乙类卷烟					
雪茄烟					
烟丝					
合计	—	—	—	—	

本期准予扣除税额：	**声明** 此纳税申报表是根据国家税收法律的规定填报的，我确定它是真实的、可靠的、完整的。 经办人（签章）： 财务负责人（签章）： 联系电话：
本期减（免）税额：	
期初未缴税额：	
本期缴纳前期应纳税额：	（如果你已委托代理人申报，请填写） **授权声明** 为代理一切税务事宜，现授权________（地址）____________为本纳税人的代理申报人，任何与本申报表有关的往来文件，都可寄予此人。 授权人签章：
本期预缴税额：	
本期应补（退）税额：	
期末未缴税额：	

以下由税务机关填写

受理人（签章）： 受理日期： 年 月 日 受理税务机关（章）：

表2-2　**酒类应税消费品消费税纳税申报表**

税款所属期：　年　月　日至　年　月　日

纳税人名称（公章）：　纳税人识别号：□□□□□□□□□□□□□□□□□□

填表日期：　年　月　日　金额单位：元（列至角分）

项目 应税消费品名称	适用税率		销售数量	销售额	应纳税额
	定额税率	比例税率			
粮食白酒	0.5元/500克	20%			
薯类白酒	0.5元/500克	20%			
啤酒	250元/吨	—			
啤酒	220元/吨	—			
黄酒	240元/吨	—			
其他酒	—	10%			
合计	—	—	—	—	

本期准予抵减税额：	**声明** 此纳税申报表是根据国家税收法律的规定填报的，我确定它是真实的、可靠的、完整的。 经办人（签章）： 财务负责人（签章）： 联系电话：
本期减（免）税额：	
期初未缴税额：	
本期缴纳前期应纳税额：	（如果你已委托代理人申报，请填写） **授权声明** 为代理一切税务事宜，现授权＿＿＿＿＿（地址）＿＿＿＿＿＿为本纳税人的代理申报人，任何与本申报表有关的往来文件，都可寄予此人。 授权人签章：
本期预缴税额：	
本期应补（退）税额：	
期末未缴税额：	

以下由税务机关填写

受理人（签章）：　受理日期：　年　月　日　受理税务机关（章）：

表2-3　**其他应税消费品消费税纳税申报表**

税款所属期：　　年　月　日至　　年　月　日

纳税人名称（公章）：　　　　纳税人识别号：□□□□□□□□□□□□□□□□□□

填表日期：　　年　　月　　日　　　　金额单位：元（列至角分）

项目 应税 消费品名称	适用税率	销售数量	销售额	应纳税额
合计	—	—	—	

<table>
<tr><td>本期准予抵减税额：</td><td rowspan="3">声明
此纳税申报表是根据国家税收法律的规定填报的，我确定它是真实的、可靠的、完整的。
经办人（签章）：
财务负责人（签章）：
联系电话：</td></tr>
<tr><td>本期减（免）税额：</td></tr>
<tr><td>期初未缴税额：</td></tr>
<tr><td>本期缴纳前期应纳税额：</td><td rowspan="4">（如果你已委托代理人申报，请填写）
授权声明
为代理一切税务事宜，现授权________（地址）____________为本纳税人的代理申报人，任何与本申报表有关的往来文件，都可寄予此人。
授权人签章：</td></tr>
<tr><td>本期预缴税额：</td></tr>
<tr><td>本期应补（退）税额：</td></tr>
<tr><td>期末未缴税额：</td></tr>
</table>

以下由税务机关填写

受理人（签章）：　　　　受理日期：　年　月　日　　　　受理税务机关（章）：

项目三 关税

一、单项选择题

1.依据关税的有关规定，下列各项中不应计入完税价格的是（　　）。

A.为进口货物而支付的包装劳务费

B.为进口货物而支付的商标权使用费

C.为进口货物而支付的进口关税

D.为进口货物而支付的除购货佣金以外的佣金和经纪费

2.我国关税由（　　）征收。

A.税务机关　　B.海关

C.工商行政管理部门　　D.人民政府

3.下列说法中正确的是（　　）。

A.进口关税只能用CIF价格计算　　B.进口关税只能用FOB价格计算

C.出口货物的完税价格不含关税　　D.关税与消费税的会计处理相同

4.因收、发货人或其代理人违反规定而造成的少征或漏征的税款，自纳税人应缴纳税款之日起，海关在（　　）年内可以追征。

A.1　　B.2　　C.3　　D.5

5.《海关法》规定，进口货物的完税价格由海关以进口货物的（　　）为基础审定完税价格。

A.离岸价格　　B.到岸价格　　C.申报价格　　D.实际成交价格

6.某单位将一台设备运往国外修理，在按海关规定的期限内复运进境时，此项设备的到岸价格为150万元，其原出境时同类设备的到岸价格经海关审定为130万元，海关审定的该设备正常的修理费和料件费为30万元。假设该设备进口关税税率为5%，则该设备复运进境时，应缴纳的进口关税为（　　）万元。

A.7.5　　B.6.5　　C.1.5　　D.1

7.海关于2017年10月8日（星期五）填发税款缴款书，纳税义务人最迟应于（　　）缴纳税款，才可避免被罚滞纳金。

A.10月23日　　B.10月24日　　C.10月25日　　D.10月26日

8.出口货物的完税价格为（　　）。

A.离岸价格

B.离岸价格÷（1+出口关税税率）−单独列明的支付给境外的佣金

C.离岸价格÷（1−出口关税税率）

D.（离岸价格+运输费+保险费）÷（1+出口关税税率）

9.商品流通企业自营进口业务，按规定计算的进口关税，其会计分录为（　　）。

A.借：应收账款
　　贷：应交税费——应交出口关税

B.借：材料采购
　　贷：应交税费——应交进口关税

C.借：应交税费——应交出口关税
　　贷：银行存款

D.借：应收账款
　　贷：应交税费——应交进口关税

10.代理出口受托方计缴出口关税的会计分录是（　　）。

A.借：应收账款
　　贷：应交税费——应交出口关税

B.借：税金及附加
　　贷：应交税费——应交出口关税

C.借：应交税费——应交出口关税
　　贷：银行存款

D.借：应收账款
　　贷：应交税费——应交进口关税

二、多项选择题

1.按征税货物流向划分，可将关税分为（　　）。

A.进口税　B.出口税　C.过境税　D.进口附加税

2.下列各项目中，不计入进口货物完税价格的有（　　）。

A.买方为购买进口货物向自己的采购代理人支付的劳务费用

B.设备进口后的维修服务费用

C.货物运抵我国境内输入地起卸后的运输装卸费

D.进口货物支付的包装材料费

3.关税的纳税人有（　　）。

A.进口货物的收货人　B.出口货物的发货人

C.进口个人邮件的收件人　D.携带进境物品的携带人

4.进口货物的成交价格不符合规定条件的，或者成交价格不能确定的，海关依次以（　　）方法估定该货物的完税价格。

A.相同货物的成交价格估定　B.类似货物的成交价格估定

C.最大销售总量　D.计算估价

E.合理估价

5.下列费用未包括在进口货物的实付或者应付价格中，应当计入完税价格的有（　　）。

A.由买方负担的除购货佣金以外的佣金和经纪费

B.由买方负担的在审查确定完税价格时与该货物视为一体的容器费用

C.由买方负担的包装材料和包装劳务费用

D.卖方直接或间接从买方对该货物进口后转售、处置或使用所得中获得的收益

6.下列费用，如能与该货物实付或者应付价格区分，不得计入完税价格的有（　　）。

A.厂房、机械、设备等货物进口后的基建、安装、装配、维修和技术服务的费用
B.货物运抵境内输入地点之后的运输费用、保险费和其他相关费用
C.进口关税及其他国内税收
D.由买方负担的包装材料和包装劳务费用

7.下列各项是进境物品的纳税义务人的有（　　）。
A.携带物品进境的入境人员　　B.进境邮递物品的收件人
C.以其他方式进口物品的收件人　　D.进境物品的邮寄人

8.关税除从量税和从价税外，按计征方法还可分为（　　）。
A.混合税　　B.滑准税　　C.过境税　　D.选择税

9.关税征收管理规定中，关于补征和追征的期限说法正确的有（　　）。
A.补征期为1年　　B.追征期为1年
C.补征期为3年　　D.追征期为3年

10.行李和邮递物品的进口税包含（　　）。
A.关税　　B.增值税
C.消费税　　D.城市维护建设税

三、判断题

1.根据关税的缴纳时间规定，进口货物自运输工具申报进境之日起15日内，向海关申报纳税，并于海关填发税款缴款书之日起14日内缴纳税款。（　　）

2.一国的关境和国境总是一致的。（　　）

3.进出口货物完税后，由于海关方面的原因造成的少征或者漏征税款，海关可以自缴纳税款或者货物进口之日起3年内，向收发货人或者他们的代理人补征。（　　）

4.海关审定的进口货物的成交价格，指买方进口该货物实付、应付的价格总额，包括直接支付的价款和间接支付的价款。（　　）

5.对已征出口关税的出口货物和已征进口关税的进口货物，原状复运进境或出境的，经海关查验属实的，也应退还已征关税。（　　）

6.《海关法》赋予海关对滞纳关税的纳税人强制执行的权力。强制措施指强制扣缴和变价抵缴两种。（　　）

7.关税税额在人民币50元以下的一票货物，可免征关税。（　　）

8.关税完税价格，即货物的实际成交价。（　　）

9.关税完税价格不包含购货佣金。（　　）

10.出口货物的完税价格，是由海关以该货物向境外销售的成交价格为基础审查确定，包括货物运至我国境内输出地点装卸前的运输费、保险费，但不包括出口关税。（　　）

四、简答题

1.关境与国境有什么区别？

2.按照关税的差别，可以将关税分为哪几类？

3.什么是关税政策？可以分为哪两类？

五、实务题

1.某具有进出口经营权的商贸公司，为增值税一般纳税人。该公司进口货物一批，货

物以离岸价格成交，成交价折合人民币1 660万元，另支付货物运抵我国海港的运费、保险费等35万元。假设该货物适用的关税税率为20%，增值税税率为17%。

要求：计算进口环节应缴纳的关税和增值税税额。

2.某中国进出口公司进口120辆小轿车，每辆小轿车的成交价格折合人民币7万元，支付运抵我国输入地点的运费及保险费共计4万元。已知小轿车的关税税率为25%，消费税税率为12%，增值税税率为17%。

要求：计算进口环节应缴纳的关税、消费税和增值税税额。

3.某进出口公司出口某种货物10件，每件重25千克，成交价格为CFR香港50 000元人民币。已申报运费为每千克35元，出口关税税率为15%。

要求：计算出口环节应缴纳的关税税额。

4.某公司从英国某地进口一批货物，当地售价折合人民币800 000元，运抵我国上海口岸支付包装费折合人民币8 000元，运费折合人民币50 000元，保险费折合人民币12 800元，各种手续费折合人民币2 000元，该批进口货物的关税税率为20%。

要求：计算进口环节应缴纳的关税税额。

六、综合实训题

【实训资料】

企业名称：唐山利嘉有限责任公司

企业性质：有限责任公司（一般纳税人）

企业地址及电话：唐山市建设路120号

企业所属行业：有进出口经营权的制造业

开户银行：工行建设路支行

纳税人识别号：130203000020000008

2016年12月10日，公司从澳大利亚进口铁矿石10 000吨，进口货物许可证号6852324828，批准文号092813626，进口铁矿石的FOB价格为每吨100美元，运费300 000美元，保险费费率3%，运输方式为江海运输，运输工具名称为BUEKCY 110/452。25日，货物到达我国京唐港口岸，提货单号为KHCLB 268686，税务员张剑持相关材料到海关进行报关，海关编号10626899。进口铁矿石的关税税率为10%，外汇牌价为1美元=6.43元人民币。

【实训要求】填制进口货物报关单及缴款书（见表3-1和表3-2）。

表3-1 **中华人民共和国海关进口货物报关单**

预录入编号： 海关编号：

<table>
<tr><td colspan="2">进口口岸</td><td colspan="3">备案号</td><td colspan="2">进口日期</td><td>申报日期</td></tr>
<tr><td colspan="2">经营单位</td><td colspan="2">运输方式</td><td colspan="2">运输工具名称</td><td colspan="2">提运单号</td></tr>
<tr><td colspan="2">收货单位</td><td colspan="3">贸易方式</td><td colspan="2">征免性质</td><td>征税比例</td></tr>
<tr><td>许可证号</td><td colspan="3">起运国（地区）</td><td colspan="3">装货港</td><td>境内目的地</td></tr>
<tr><td>批准文号</td><td>成交方式</td><td colspan="3">运费</td><td colspan="2">保费</td><td>杂费</td></tr>
<tr><td>合同协议号</td><td colspan="2">件数</td><td colspan="2">包装种类</td><td colspan="2">毛重（千克）</td><td>净重（千克）</td></tr>
</table>

续表

集装箱号	随附单据	用途
标记号码及备注		

项号	商品编号	商品名称	规格型号	数量及单位	原产国（地区）	单价	总价	币制	征免

税费征收情况		
录入员　录入单位	兹申明以上申报无讹，并承担法律责任	海关审单批注及放行日期（签章） 审单　审价
报关员 单位地址 申报单位（签章） 邮编　电话　填制日期		征税　统计 查验　放行

表 3-2　**海关进（出）口关税专用缴款书（收据联）**

收入系统：　　填发日期：　年　月　日　　No.

<table>
<tr><td rowspan="3">收款单位</td><td>收入机关</td><td colspan="3"></td><td rowspan="3">缴款单位（人）</td><td>名　称</td><td></td></tr>
<tr><td>科　目</td><td></td><td>预算级次</td><td></td><td>账　号</td><td></td></tr>
<tr><td>收缴国库</td><td colspan="3"></td><td>开户银行</td><td></td></tr>
</table>

税号	货物名称	数量	单位	完税价格（¥）	税率（%）	税款金额（¥）
金额人民币（大写）					合计（¥）	

申请单位编号		报关单编号		填制单位	收缴国库（银行）
合同（批文）号		运输工具号		制单人____ 复合人____	
缴款日期	年　月　日	提/装货单号			
备注	一般征税 国际代码				

第一联：（收据）国库收款签章后交缴款单位或缴款人

项目四

企业所得税

一、单项选择题

1.纳税人通过国内非营利的社会团体、国家机关的公益性捐赠，在年度（　　）12%以内的部分准予扣除。

A.收入总额　　B.利润总额

C.应纳税所得额　　D.应纳所得税税额

2.在计算企业所得税应纳税所得额时，不允许从收入总额中扣除的税种是（　　）。

A.房产税　　B.消费税　　C.增值税　　D.土地增值税

3.某工业生产企业有从业人员85人，资产总额为2 800万元，全年销售额为1 520万元，成本为600万元，税金及附加为460万元，按规定列支各种费用400万元。已知上述成本费用中包括新产品开发费80万元。该企业当年应纳所得税额为（　　）万元。

A.15　　B.19.8　　C.4　　D.6.6

4.在一个纳税年度内，居民企业技术转让所得不超过（　　）万元的部分，免征企业所得税；超过部分，减半征收企业所得税。

A. 5　　B.500　　C.20　　D.10

5.小型微利工业企业，必须符合年度应纳税所得额不超过（　　）万元，从业人数不超过（　　）人，资产总额不超过（　　）万元。

A.30，80，3 000　　B.30，80，1 000

C.20，100，3 000　　D.30，100，3 000

6.下列项目中，准予从收入总额中扣除的项目是（　　）。

A.资本性支出

B.无形资产开发未形成资产的部分

C.违法经营的罚款支出

D.各项税收滞纳金、罚金、罚款支出

7.根据《中华人民共和国企业所得税法》等有关规定，不得提取折旧的固定资产是（　　）。

A.以经营租赁方式租出的固定资产　　B.以融资租赁方式租入的固定资产

C.以经营租赁方式租入的固定资产　　D.季节性停用的机器设备

8.下列各项利息收入中，不计入企业所得税应纳税所得额的是（　　）。

A.企业债券利息收入　　B.外单位欠款付给的利息收入

C.购买国债的利息收入　　D.银行存款利息收入

9.按照现行企业所得税的有关规定，证券公司电子类设备的最短折旧年限为（　　）年。

A.20　　B.10　　C.5　　D.2

10.某企业2017年营业收入3 000万元，广告费支出500万元，业务宣传费支出20万元，则2017年准予税前扣除的广告费和业务宣传费合计为（ ）万元。

A.295　　B.465　　C.450　　D.387.5

11.企业来源于境外所得已在境外实际缴纳的所得税税款，在汇总纳税并按规定计算扣除限额时，如果境外实际缴纳的税款超过扣除限额，对超过部分的处理方法是（ ）。

A.列为当年费用支出

B.从本年的应纳所得税额中扣除

C.用以后年度税额扣除的余额补扣，补扣期限最长不得超过5年

D.从以后年度境外所得中扣除

12.纳税人在纳税年度内无论盈利或亏损，都应当在年度终了后（ ）内，向其所在地主管税务机关报送年度会计报表和所得税申报表。

A.15日　　B.45日　　C.5个月　　D.60日

13.纳税人以前年度发生亏损，可以弥补的金额是（ ）。

A.企业申报的亏损额

B.税务机关按税收规定核定调整后的金额

C.企业财务报表的账面金额

D.企业自己核定的亏损额

14.下列各项中，除国务院、税务主管部门另有规定外，《中华人民共和国企业所得税法》规定，固定资产计算折旧的最低年限正确的是（ ）。

A.房屋、建筑物25年

B.与生产经营活动有关的器具、工具、家具、电子设备等5年

C.飞机、火车、轮船、机器、机械和其他生产设备10年

D.飞机、火车、轮船以外的运输工具6年

15.某小型微利企业，经主管税务部门核定，2017年度应纳税所得额为50万元，上一年度亏损45万元，则本年度该企业应纳所得税额为（ ）万元。

A.1　　B.1.25　　C.10　　D.12.5

16.甲居民企业2017年全年销售收入4 000万元，实际支付业务招待费30万元，则准予税前列支的招待费为（ ）万元。

A.18　　B.20　　C.30　　D.2

17.若上述甲居民企业2017年产品销售收入1 200万元，视同销售收入400万元，债务重组收益100万元。成本费用总额1 600万元，其中业务招待费支出20万元。该企业在计算当年应纳税所得额时，业务招待费准予扣除的数额为（ ）万元。

A.6　　B.8　　C.8.5　　D.12

18.某企业2017年实现利润100万元，通过民政局向灾区捐款20万元，则准予税前列支的捐赠额为（ ）万元。

A.20　　B.12　　C.30　　D.8

19.纳税人破产清算时，下列各项应当作为纳税年度计算清算所得的是（ ）。

A.当年1月1日至清算开始日期　　B.当年1月1日至清算结束日期

C.当年1月1日至12月31日　　D.清算期间

20.境内居民企业注册地与实际经营管理地不一致时，其纳税地点按税收规定应该

是（　　）。

A.注册地　B.由纳税人自行决定

C.实际经营管理地　D.由税务机关决定

21.甲公司采用资产负债表债务法核算企业所得税，2007年年末“递延所得税负债”账户的贷方余额为330万元，适用的企业所得税税率33%，2008年年初企业所得税税率改为25%，本期新增应纳税暂时性差异350万元，甲公司2008年“递延所得税负债”账户的本期发生额为（　　）万元。

A.借记7.5　B.贷记7.5　C.贷记6　D.借记6

22.乙公司采用资产负债表债务法核算企业所得税，2007年年末“递延所得税资产”账户的借方余额为660万元，适用的企业所得税税率33%，2008年年初企业所得税税率改为25%，本期转回可抵扣的暂时性差异300万元，乙公司2008年“递延所得税资产”账户的本期发生额为（　　）万元。

A.借记300　B.贷记235　C.贷记300　D.借记235

23.根据税收规定，下列各项不属于企业所得税纳税人的是（　　）。

A.事业单位　B.合伙企业　C.社会团体　D.民办非企业单位

24.某公司2017年支出的下列保险费中，在计算企业所得税应纳税所得额时不得扣除的是（　　）。

A.为职工缴纳的基本社会保险费

B.为企业的厂房、机器设备缴纳的财产保险费

C.为投资者缴纳的商业保险费

D.在合理职工工资总额5%范围内为职工缴纳的补充医疗保险费

25.2015年4月1日，某创业投资企业采取股权投资方式向未上市的取得高新技术企业资格的甲中小企业投资120万元，股权持有至2017年6月1日。该企业2017年利润总额为1 500万元，假定本年度不存在其他纳税调整事项，则2017年应纳企业所得税为（　　）万元。

A.375　B.354　C.345　D.291

二、多项选择题

1.下列各项中，在会计利润的基础上应调整增加应纳税所得额的项目有（　　）。

A.职工教育经费支出超标准　B.利息费用支出超标准

C.公益性捐赠超标准　D.查补的消费税

2.下列各项中，在会计利润的基础上应调整减少应纳税所得额的项目有（　　）。

A.查补的消费税　B.多提的职工福利费

C.国库券利息收入　D.多列的无形资产摊销费

3.根据《中华人民共和国企业所得税法》《中华人民共和国企业所得税法实施条例》的规定，工业企业要享受小型微利企业的优惠税率，必须同时符合的条件有（　　）。

A.年度应纳税所得额不超过30万元　B.从事加工业

C.从业人数不超过100人　D.资产总额不超过3 000万元

4.在资产负债表债务法下，应设置的科目有（　　）。

A.“所得税费用”　B.“应交税费——应交所得税”

C.“递延所得税资产”　D.“应交所得税”

5.下列叙述中正确的有（ ）。

A.企业从事国家重点扶持的公共基础设施项目的投资经营的所得，自项目取得第一笔生产经营收入所属纳税年度起，实行“三免三减半”（即第一年至第三年免征企业所得税，第四年至第六年减半征收企业所得税）

B.企业从事符合条件的环境保护、节能节水项目的所得，自项目取得第一笔生产经营收入所属纳税年度起，实行“三免三减半”

C.企业从事以《资源综合利用企业所得税优惠目录》规定的资源作为主要原材料，生产国家非限制和禁止并符合国家和行业相关标准的产品取得的收入，减按90%计入收入总额

D.企业从事开发新技术、新产品、新工艺发生的研究开发费用，未形成无形资产的计入当期损益，在按照规定据实扣除的基础上，按照研究开发费用的50%加计扣除；形成无形资产的，按照无形资产成本的150%摊销

6.在计算企业所得税应纳税所得额时，不允许从收入总额中扣除的项目有（ ）。

A.违法经营的罚款和被没收财物的损失

B.为促销商品发生的广告性支出

C.遭受自然灾害赔偿的部分

D.销售货物给购货方的回扣支出

7.下列各项可以税前扣除的有（ ）。

A.广告性的赞助支出

B.纳税人逾期归还银行贷款，银行按规定加收的罚息

C.纳税人为雇员向商业保险机构投保的人寿保险

D.纳税人参加的财产和运输保险

8.下列各项不会影响递延所得税资产的有（ ）。

A.资产减值准备的计提

B.非公益性捐赠支出

C.国债利息收入

D.税务上对使用寿命不确定的无形资产执行不超过10年的摊销标准

9.某生产企业（一般纳税人）因意外事故损失原材料30万元，保险公司同意赔付4万元，其余损失已报经税务机关审批扣除，则该企业确定应纳税所得额时的正确做法有（ ）。

A.税前准予扣除的损失为26万元

B.税前准予扣除的损失为31.1万元

C.税前不得扣除的损失为4万元

D.损失原材料而转出的进项税准予所得税前扣除

10.下列各项有关所得税的表述中，正确的有（ ）。

A.当负债的账面价值大于计税基础时，会产生可抵扣暂时性差异

B.在计算应税所得时，新增可抵扣暂时性差异额应追加税前会计利润

C.在计算应税所得时，转回应纳税暂时性差异额应抵减当期税前会计利润

D.所有长期资产的减值计提均会导致产生可抵扣暂时性差异

11.不考虑其他因素，下列各项产生可抵扣暂时性差异的有（ ）。

A.因产品质量保证确认的预计负债

B.对持有至到期投资计提减值准备

C.本期发生净亏损，按税收规定可于未来5年内税前补亏

D.本期购入的可供出售金融资产在期末公允价值下降

12.下列关于企业所得税纳税申报的表述中正确的有（ ）。

A.企业应当自月份或者季度终了之日起15日内，向税务机关报送预缴企业所得税纳税申报表，预缴税款

B.企业年度中间终止经营活动的，应当自实际终止之日起30日内，向税务机关办理企业所得税汇算清缴

C.企业应当自年度终了之日起4个月内，向税务机关报送年度企业所得税纳税申报表，并汇算清缴

D.在办理注销登记前，就其清算所得向税务机关申报并依法缴纳企业所得税

13.下列关于企业所得税纳税年度的表述中正确的有（ ）。

A.纳税年度自公历1月1日至12月31日

B.依法清算时，应当以清算期间作为一个纳税年度

C.在一个纳税年度中间开业，应当以实际经营期为一个纳税年度

D.纳税年度自公历7月1日至6月30日

14.预缴所得税可以按照月（季）度的实际利润数预缴，也可以按照（ ）预缴。

A.上一纳税年度应纳税所得额的1/12

B.自行确定的方法

C.上一纳税年度应纳税所得额的1/4

D.税务机关认可的其他方法

15.采用资产负债表债务法核算企业所得税的情况下，影响当期所得税费用的因素有（ ）。

A.本期发生的暂时性差异所产生的递延所得税负债

B.本期转回的暂时性差异所产生的递延所得税资产

C.本期发生的暂时性差异所产生的递延所得税资产

D.本期转回的暂时性差异所产生的递延所得税负债

三、判断题

1.企业所得税的纳税人不仅包括法人企业，还包括个人独资企业和合伙企业。（ ）

2.利息收入和股息收入一样，均应缴纳企业所得税。（ ）

3.在计征企业所得税时，广告宣传费可以在税前扣除，而非广告性质的赞助费不允许税前扣除。（ ）

4.企业取得的所有技术服务收入均可暂免征企业所得税。（ ）

5.资产的账面价值大于其计税基础或者负债的账面价值小于其计税基础的，产生可抵扣暂时性差异。（ ）

6.纳税人在生产、经营期间的借款利息支出作为费用，在计算应纳税所得额时，可以按实际发生数扣除。（ ）

7.企业发生的年度亏损，可用以后5个盈利年度的利润弥补。（ ）

8.某内资企业当年应纳税所得额为50万元，上一年度利润表上亏损48万元，则当年应纳所得税额为5 000元。 ( )

9.确定应纳税所得额时，对企业生产、经营期间，向经中国人民银行批准从事金融业务的非银行金融机构的借款利息支出，可按照实际发生额从税前扣除。 ( )

10.纳税人来源于境外的所得在境外实际缴纳的所得税税款，准予在汇总纳税时从其应纳税额中扣除；其在境外发生的亏损也可用境内的利润弥补。 ( )

11.年终，某企业填报的利润表反映其全年利润总额为-50万元，因此，当年不需缴纳企业所得税。 ( )

12.企业接受其他单位的捐赠物资，不计入应纳税所得额。 ( )

13.确认由可抵扣暂时性差异产生的递延所得税资产，应当以未来期间很可能取得的用来抵扣可抵扣暂时性差异的应纳税所得额为限。 ( )

14.无论企业境外业务之间的盈亏还是境内外业务之间的盈亏都可以相互弥补。 ( )

15.某企业2013年度亏损40万元，该年研究开发新产品费用为76万元，所以该年应按76万元的50%扣除所得额，该年的应纳税所得额为-78万元。 ( )

16.纳税人缴纳的增值税不得在企业所得税前扣除，但按当期缴纳的增值税计算的城市维护建设税和教育费附加，准予在所得税前扣除。 ( )

17.在采用资产负债表债务法进行所得税会计核算时，应将由于时间性差异对未来所得税的影响金额，作为一项递延所得税资产或负债。 ( )

18.企业销售货物给购买方的折扣，当销售额与折扣额在同一张发票上注明的，应按折扣后的销售额计征增值税、消费税和企业所得税。 ( )

19.企业所得税应当分国、分项计算企业来源于境外的所得在我国的扣除限额。 ( )

20.提取坏账准备金的企业，在计算企业所得税应纳税所得额时，实际发生的坏账损失大于已提取的坏账准备金的部分，不能在发生当期直接扣除。 ( )

四、简答题

1.企业所得税的应纳税所得额与企业的利润总额有什么关系？

2.在计算企业所得税时，哪些项目允许在税前全额扣除？哪些项目允许在税前限额扣除？哪些项目不允许税前扣除？

3.什么是企业所得税纳税人？如何确定居民企业和非居民企业？两者在纳税上有什么不同？

4.计算企业所得税时，哪些税金允许直接从收入总额中扣除？

5.不征税收入与免税收入有何不同？哪些收入属于不征税收入？哪些收入属于免税收入？

6.什么是计税基础？资产的计税基础和负债的计税基础是如何确定的？

7.什么是暂时性差异？应纳税暂时性差异和可抵扣暂时性差异有什么不同？

8.应付税款法与资产负债表债务法有什么不同？

五、实务题

1.某家电生产企业是增值税一般纳税人，2016年度经税务机关确认的亏损为60万元。2017年发生下列业务：

（1）取得销售收入6 000万元；债券利息收入150万元，其中国债利息收入40万元。销售成本3 100万元，缴纳增值税600万元、城市维护建设税和教育费附加60万元。

（2）发生销售费用1 200万元，其中广告费和业务宣传费1 000万元。

（3）发生财务费用200万元，其中支付向企业借款2 000万元的1年利息150万元，同期银行贷款利率为6%。

（4）发生管理费用800万元，其中用于新产品、新工艺研制而实际支出的研发费用200万元。

（5）购置节能节水设备，价款500万元。

要求：计算该企业全年应纳所得税额。

2.假定某企业为居民企业，2017年经营业务如下：

（1）取得销售收入2 500万元。

（2）发生销售成本1 100万元。

（3）发生销售费用670万元，其中广告费450万元；管理费用480万元，其中业务招待费15万元；财务费用60万元。

（4）发生销售税金160万元，其中增值税120万元。

（5）取得营业外收入70万元。发生营业外支出50万元，其中：通过公益性社会团体向贫困山区捐款30万元；支付税收滞纳金6万元。

（6）计入成本、费用中的实发工资总额为200万元，拨缴职工工会经费5万元、职工福利费30万元、职工教育经费6万元。

要求：计算该企业2017年度实际应纳所得税额。

3.某企业2017年度应纳税所得额为100万元，适用的企业所得税税率为25%。另外，该企业分别在A、B两国（A、B两国与我国已经缔结避免双重征税协定）设有分支机构，在A国分支机构的应纳税所得额为50万元，A国税率为20%；在B国分支机构的应纳税所得额为30万元，B国税率为35%。在A、B两国分别缴纳10万元和10.5万元的所得税。

要求：计算该企业全年应纳所得税额。

4.假定甲企业2017年度利润总额为1 500万元，企业适用的所得税税率为25%。该企业2017年账面价值与计税基础之间的差异包括下列事项（见表4-1）：①交易性金融资产公允价值增加140万元；②计提固定资产减值准备400万元；③因售后服务预计费用220万元。另外，发生国债利息收入100万元，税收滞纳金120万元。

表4-1 **2017年账面价值与计税基础之间差异** 单位：万元

项　目	账面价值	计税基础
交易性金融资产	440	300
固定资产	600	1 000
预计负债	220	0
合　计	1 260	1 300

要求：

（1）计算该企业2017年应纳所得税额。

（2）用资产负债表债务法进行账务处理。

5.某企业2006—2010年暂时性差异是因固定资产折旧方法不同所致，即企业在计算税前会计利润时采用直线法，在申报所得税时采用年数总和法，相关纳税资料见表4-2。前两年所得税税率为33%，后三年所得税税率为25%。

表4-2　相关纳税资料　单位：万元

年份	税前利润	直线法下折旧费	年数总和法下折旧费
2006	100	90	150
2007	250	90	120
2008	300	90	90
2009	380	90	60
2010	470	90	30
合计	—	450	450

要求：用资产负债表债务法编制该企业2006—2010年有关所得税的会计分录。

六、综合实训题

【实训资料】

企业名称：唐山盛华股份有限公司

企业性质：国有企业（一般纳税人）

企业地址及电话：唐山市西山道84号0315-2843216

企业所属行业：工业企业

开户银行及账号：工行西山道分理处21-45689

纳税人识别号：130203000110002233

2017年度企业发生如下经济业务：

（1）取得销售收入8 000万元。

（2）发生销售成本4 500万元。

（3）发生销售费用1 400万元，管理费用1 500万元，财务费用60万元。

（4）发生销售税金350万元（含增值税260万元）。

（5）取得营业外收入100万元，发生营业外支出80万元。

2017年4月，税务机关在对企业所得税汇算清缴时，发现下列问题：

（1）企业全年实发工资1 200万元，提取了工会经费30万元、职工福利费190万元、职工教育经费35万元。

（2）收入总额中含确实无法偿付的应付款项50万元，国债利息收入12万元，财政补贴收入5万元。

（3）企业全年发生业务招待费50万元，广告费和业务宣传费1 250万元。

（4）企业全年提取了存货减值准备2.5万元。

（5）通过民政部门向灾区捐款60万元。

（6）本年发生“三新”研发费用120万元。

（7）支付税收滞纳金5万元。

（8）本年已预缴所得税100万元。

【实训要求】

（1）计算唐山盛华股份有限公司2017年度应纳所得税额。

（2）编制2017年度企业所得税纳税申报表，见表4-3至表4-13（金额单位：元（列至角分））。

表4-3 **中华人民共和国企业所得税年度纳税申报表（A类）**

行次	类别	项　　目	金　额
1	利润总额计算	一、营业收入（填写A101010\101020\103000）	
2		减：营业成本（填写A102010\102020\103000）	
3		税金及附加	
4		销售费用（填写A104000）	
5		管理费用（填写A104000）	
6		财务费用（填写A104000）	
7		资产减值损失	
8		加：公允价值变动收益	
9		投资收益	
10		二、营业利润（1-2-3-4-5-6-7+8+9）	
11		加：营业外收入（填写A101010\101020\103000）	
12		减：营业外支出（填写A102010\102020\103000）	
13		三、利润总额（10+11-12）	
14	应纳税所得额计算	减：境外所得（填写A108010）	
15		加：纳税调整增加额（填写A105000）	
16		减：纳税调整减少额（填写A105000）	
17		减：免税、减计收入及加计扣除（填写A107010）	
18		加：境外应税所得抵减境内亏损（填写A108000）	
19		四、纳税调整后所得（13-14+15-16-17+18）	
20		减：所得减免（填写A107020）	
21		减：抵扣应纳税所得额（填写A107030）	
22		减：弥补以前年度亏损（填写A106000）	
23		五、应纳税所得额（19-20-21-22）	

续表

行次	类别	项　　目	金　额
24	应纳税额计算	税率（25%）	
25		六、应纳所得税额（23×24）	
26		减：减免所得税额（填写A107040）	
27		减：抵免所得税额（填写A107050）	
28		七、应纳税额（25-26-27）	
29		加：境外所得应纳所得税额（填写A108000）	
30		减：境外所得抵免所得税额（填写A108000）	
31		八、实际应纳所得税额（28+29-30）	
32		减：本年累计实际已预缴的所得税额	
33		九、本年应补（退）所得税额（31-32）	
34		其中：总机构分摊本年应补（退）所得税额（填写A109000）	
35		财政集中分配本年应补（退）所得税额（填写A109000）	
36		总机构主体生产经营部门分摊本年应补（退）所得税额（填写A109000）	
37	附列资料	以前年度多缴的所得税额在本年抵减额	
38		以前年度应缴未缴在本年入库所得税额	

表4-4　**一般企业收入明细表**

行次	项　　目	金　额
1	一、营业收入（2+9）	
2	（一）主营业务收入（3+5+6+7+8）	
3	1.销售商品收入	
4	其中：非货币性资产交换收入	
5	2.提供劳务收入	
6	3.建造合同收入	
7	4.让渡资产使用权收入	
8	5.其他	
9	（二）其他业务收入（10+12+13+14+15）	
10	1.销售材料收入	

续表

行次	项　目	金　额
11	其中：非货币性资产交换收入	
12	2.出租固定资产收入	
13	3.出租无形资产收入	
14	4.出租包装物和商品收入	
15	5.其他	
16	二、营业外收入（17+18+19+20+21+22+23+24+25+26）	
17	（一）非流动资产处置利得	
18	（二）非货币性资产交换利得	
19	（三）债务重组利得	
20	（四）政府补助利得	
21	（五）盘盈利得	
22	（六）捐赠利得	
23	（七）罚没利得	
24	（八）确实无法偿付的应付款项	
25	（九）汇兑收益	
26	（十）其他	

表4-5 **期间费用明细表**

行次	项　目	销售费用	其中：境外支付	管理费用	其中：境外支付	财务费用	其中：境外支付
		1	2	3	4	5	6
1	一、职工薪酬		*		*	*	*
2	二、劳务费					*	*
3	三、咨询顾问费					*	*
4	四、业务招待费		*		*	*	*
5	五、广告费和业务宣传费		*		*	*	*
6	六、佣金和手续费						
7	七、资产折旧摊销费		*		*	*	*

续表

行次	项　　目	销售费用	其中：境外支付	管理费用	其中：境外支付	财务费用	其中：境外支付
		1	2	3	4	5	6
8	八、财产损耗、盘亏及毁损损失		*		*	*	*
9	九、办公费		*		*	*	*
10	十、董事会费		*		*	*	*
11	十一、租赁费					*	*
12	十二、诉讼费		*		*	*	*
13	十三、差旅费		*		*	*	*
14	十四、保险费		*		*	*	*
15	十五、运输、仓储费					*	*
16	十六、修理费					*	*
17	十七、包装费		*		*	*	*
18	十八、技术转让费					*	*
19	十九、研究费用					*	*
20	二十、各项税费		*		*	*	*
21	二十一、利息收支	*	*	*	*		
22	二十二、汇兑差额	*	*	*	*		
23	二十三、现金折扣	*	*	*	*		*
24	二十四、其他						
25	合计（1+2+3+…+24）						

表4-6 **纳税调整项目明细表**

行次	项　　目	账载金额	税收金额	调增金额	调减金额
		1	2	3	4
1	一、收入类调整项目（2+3+4+5+6+7+8+10+11）	*	*		
2	（一）视同销售收入（填写A105010）	*			*
3	（二）未按权责发生制原则确认的收入（填写A105020）				
4	（三）投资收益（填写A105030）				
5	（四）按权益法核算长期股权投资对初始投资成本调整确认收益	*	*	*	
6	（五）交易性金融资产初始投资调整	*	*		*
7	（六）公允价值变动净损益		*		
8	（七）不征税收入	*	*		
9	其中：专项用途财政性资金（填写A105040）	*	*		
10	（八）销售折扣、折让和退回				
11	（九）其他				
12	二、扣除类调整项目（13+14+15+16+17+18+19+20+21+22+23+24+26+27+28+29）	*	*		
13	（一）视同销售成本（填写A105010）	*		*	
14	（二）职工薪酬（填写A105050）				
15	（三）业务招待费支出				*
16	（四）广告费和业务宣传费支出（填写A105060）	*	*		
17	（五）捐赠支出（填写A105070）				*
18	（六）利息支出				
19	（七）罚金、罚款和被没收财物的损失		*		*
20	（八）税收滞纳金、加收利息		*		*
21	（九）赞助支出		*		*
22	（十）与未实现融资收益相关在当期确认的财务费用				

续表

行次	项　　目	账载金额	税收金额	调增金额	调减金额
		1	2	3	4
23	（十一）佣金和手续费支出				*
24	（十二）不征税收入用于支出所形成的费用	*	*		*
25	其中：专项用途财政性资金用于支出所形成的费用（填写A105040）	*	*		*
26	（十三）跨期扣除项目				
27	（十四）与取得收入无关的支出		*		*
28	（十五）境外所得分摊的共同支出	*	*		*
29	（十六）其他				
30	三、资产类调整项目（31+32+33+34）	*	*		
31	（一）资产折旧、摊销（填写A105080）				
32	（二）资产减值准备金		*		
33	（三）资产损失（填写A105090）				
34	（四）其他				
35	四、特殊事项调整项目（36+37+38+39+40）	*	*		
36	（一）企业重组（填写A105100）				
37	（二）政策性搬迁（填写A105110）	*	*		
38	（三）特殊行业准备金（填写A105120）				
39	（四）房地产开发企业特定业务计算的纳税调整额（填写A105010）	*			
40	（五）其他	*	*		
41	五、特别纳税调整应税所得	*	*		
42	六、其他	*	*		
43	合计（1+12+30+35+41+42）	*	*		

表4-7 **职工薪酬纳税调整明细表**

行次	项　　目	账载金额	税收规定扣除率	以前年度累计结转扣除额	税收金额	纳税调整金额	累计结转以后年度扣除额
		1	2	3	4	5（1-4）	6（1+3-4）
1	一、工资薪金支出		*	*			*
2	其中：股权激励		*	*			*
3	二、职工福利费支出			*			*
4	三、职工教育经费支出		*				
5	其中：按税收规定比例扣除的职工教育经费						
6	按税收规定全额扣除的职工培训费用			*			*
7	四、工会经费支出			*			*
8	五、各类基本社会保障性缴款		*	*			*
9	六、住房公积金		*	*			*
10	七、补充养老保险			*			*
11	八、补充医疗保险			*			*
12	九、其他		*				
13	合计（1+3+4+7+8+9+10+11+12）		*				

表4-8 **广告费和业务宣传费跨年度纳税调整明细表**

行次	项　　目	金　额
1	一、本年广告费和业务宣传费支出	
2	减：不允许扣除的广告费和业务宣传费支出	
3	二、本年符合条件的广告费和业务宣传费支出（1-2）	
4	三、本年计算广告费和业务宣传费扣除限额的销售（营业）收入	
5	税收规定扣除率	
6	四、本企业计算的广告费和业务宣传费扣除限额（4×5）	
7	五、本年结转以后年度扣除额（3＞6，本行=3-6；3≤6，本行=0）	
8	加：以前年度累计结转扣除额	
9	减：本年扣除的以前年度结转额（3＞6，本行=0；3≤6，本行=8或（6-3）孰小值）	
10	六、按照分摊协议归集至其他关联方的广告费和业务宣传费（10≤3或6孰小值）	
11	按照分摊协议从其他关联方归集至本企业的广告费和业务宣传费	
12	七、本年广告费和业务宣传费支出纳税调整金额（3＞6，本行=2+3-6+10-11；3≤6，本行=2+10-11-9）	
13	八、累计结转以后年度扣除额（7+8-9）	

表4-9 **捐赠支出纳税调整明细表**

行次	受赠单位名称	公益性捐赠				非公益性捐赠	纳税调整金额
		账载金额	按税收规定计算的扣除限额	税收金额	纳税调整金额	账载金额	
	1	2	3	4	5（2-4）	6	7（5+6）
1			*	*	*		*
2			*	*	*		*
3			*	*	*		*
4			*	*	*		*
5			*	*	*		*
6			*	*	*		*
7			*	*	*		*
8			*	*	*		*
9			*	*	*		*
10			*	*	*		*
11			*	*	*		*
12			*	*	*		*
13			*	*	*		*
14			*	*	*		*
15			*	*	*		*
16			*	*	*		*
17			*	*	*		*
18			*	*	*		*
19			*	*	*		*
20	合 计						

表4-10 **企业所得税弥补亏损明细表**

行次	项目	年度	纳税调整后所得	合并、分立转入（转出）可弥补的亏损额	当年可弥补的亏损额	以前年度亏损已弥补额					本年度实际弥补的以前年度亏损额	可结转以后年度弥补的亏损额
						前四年度	前三年度	前二年度	前一年度	合计		
		1	2	3	4	5	6	7	8	9	10	11
1	前五年度											*
2	前四年度					*						
3	前三年度					*	*					
4	前二年度					*	*	*				
5	前一年度					*	*	*	*	*		
6	本年度					*	*	*	*	*		
7	可结转以后年度弥补的亏损额合计											

表4-11 **免税、减计收入及加计扣除优惠明细表**

行次	项　　目	金　额
1	一、免税收入（2+3+4+5）	
2	（一）国债利息收入	
3	（二）符合条件的居民企业之间的股息、红利等权益性投资收益（填写A107011）	
4	（三）符合条件的非营利组织的收入	
5	（四）其他专项优惠（6+7+8+9+10+11+12+13+14）	
6	1.中国清洁发展机制基金取得的收入	
7	2.证券投资基金从证券市场取得的收入	
8	3.证券投资基金投资者获得的分配收入	
9	4.证券投资基金管理人运用基金买卖股票、债券的差价收入	
10	5.取得的地方政府债券利息所得或收入	
11	6.受灾地区企业取得的救灾和灾后恢复重建款项等收入	
12	7.中国期货保证金监控中心有限责任公司取得的银行存款利息等收入	
13	8.中国保险保障基金有限责任公司取得的保险保障基金等收入	
14	9.其他	
15	二、减计收入（16+17）	

续表

行次	项　　目	金　额
16	（一）综合利用资源生产产品取得的收入（填写A107012）	
17	（二）其他专项优惠（18+19+20）	
18	1.金融、保险等机构取得的涉农利息、保费收入（填写A107013）	
19	2.取得的中国铁路建设债券利息收入	
20	3.其他	
21	三、加计扣除（22+23+26）	
22	（一）开发新技术、新产品、新工艺发生的研究开发费用加计扣除（填写A107014）	
23	（二）安置残疾人员及国家鼓励安置的其他就业人员所支付的工资加计扣除（24+25）	
24	1.支付残疾人员工资加计扣除	
25	2.国家鼓励的其他就业人员工资加计扣除	
26	（三）其他专项优惠	
27	合计（1+15+21）	

表4-12　　**研发费用加计扣除优惠明细表**

行次	研发项目	本年研发费用明细									减：作为不征税收入处理的财政性资金用于研发的部分	可加计扣除的研发费用合计	费用化部分		资本化部分				本年研发费用加计扣除额合计
		研发活动直接消耗的材料、燃料和动力费用	直接从事研发活动的本企业在职人员费用	专门用于研发活动的有关折旧费、租赁费、运行维护费	专门用于研发活动的有关无形资产摊销费	中间试验和产品试制的有关费用，样品、样机及一般测试手段购置费	研发成果论证、评审、验收、鉴定费用	勘探开发技术的现场试验费，新药研制的临床试验费	设计、制定、资料和翻译费用	年度研发费用合计			计入本年损益的金额	计入本年研发费用加计扣除额	本年形成无形资产的金额	本年形成无形资产加计摊销额	以前年度形成无形资产本年加计摊销额	无形资产本年加计摊销额	
	1	2	3	4	5	6	7	8	9	10（2+3+4+5+6+7+8+9）	11	12（10−11）	13	14（13×50%）	15	16	17	18（16+17）	19（14+18）
1																			
2																			
3																			
4																			
5																			
6																			
7																			
8																			
9																			
10	合计																		

表4-13 **减免所得税优惠明细表**

行次	项目	金额
1	一、符合条件的小型微利企业	
2	二、国家需要重点扶持的高新技术企业（填写A107041）	
3	三、减免地方分享所得税的民族自治地方企业	
4	四、其他专项优惠（5+6+7+8+9+10+11+12+13+14+15+16+17+18+19+20+21+22+23+24+25+26+27）	
5	（一）经济特区和上海浦东新区新设立的高新技术企业	
6	（二）经营性文化事业单位转制企业	
7	（三）动漫企业	
8	（四）受灾地区损失严重的企业	
9	（五）受灾地区农村信用社	
10	（六）受灾地区的促进就业企业	
11	（七）技术先进型服务企业	
12	（八）新疆困难地区新办企业	
13	（九）新疆喀什、霍尔果斯特殊经济开发区新办企业	
14	（十）支持和促进重点群体创业就业企业	
15	（十一）集成电路线宽小于0.8微米（含）的集成电路生产企业	
16	（十二）集成电路线宽小于0.25微米的集成电路生产企业	
17	（十三）投资额超过80亿元人民币的集成电路生产企业	
18	（十四）新办集成电路设计企业（填写A107042）	
19	（十五）国家规划布局内重点集成电路设计企业	
20	（十六）符合条件的软件企业（填写A107042）	
21	（十七）国家规划布局内重点软件企业	
22	（十八）设在西部地区的鼓励类产业企业	
23	（十九）符合条件的生产和装配伤残人员专门用品企业	
24	（二十）中关村国家自主创新示范区从事文化产业支撑技术等领域的高新技术企业	
25	（二十一）享受过渡期税收优惠企业	
26	（二十二）横琴新区、平潭综合实验区和前海深港现代化服务业合作区企业	
27	（二十三）其他	
28	五、减：项目所得额按法定税率减半征收企业所得税叠加享受减免税优惠	
29	合计（1+2+3+4-28）	

项目五

个人所得税

一、单项选择题

1.下列属于非居民纳税人的是（　　）。

A.在我国境内无住所且不居住，但有来源于中国境内所得的居民

B.在我国境内无住所的居民

C.在我国境内无住所但居住时间满1年的居民

D.在我国境内有住所但目前未居住的居民

2.对企事业单位承包经营、承租经营所得必要费用的扣除是指（　　）。

A.生产、经营成本

B.收入总额的20%

C.按月扣除3 500元

D.从收入总额中扣除800元或定额扣除20%

3.个人进行公益、救济性质的捐赠，从应纳税所得额中扣除的最高比例为（　　）。

A.30%　　B.3%　　C.80%　　D.100%

4.股息、利息、红利、偶然所得的应纳税所得额是（　　）。

A.每年收入额　　B.每季度收入额　　C.每次收入额　　D.每月收入额

5.两人或两人以上共同取得同一项目收入的计税方法为（　　）。

A.先分后扣再税　　B.先扣后税再分　　C.先分后税　　D.先税后分

6.税法规定，（　　）的工资、薪金所得可以实行按年计算，分月预缴，年度终了后汇算清缴，多退少补。

A.采掘业　　B.通信业　　C.金融业　　D.娱乐业

7.来源于我国境内、境外的全部所得，在我国缴纳个人所得税的居民纳税人应负（　　）。

A.有限纳税义务　　B.无限纳税义务

C.有限、无限双重纳税义务　　D.无限纳税义务

8.依据个人所得税法规定，对个人转让有价证券取得的所得，属于（　　）征税项目。

A.偶然所得　　B.财产转让所得

C.股息、红利所得　　D.特许权使用费所得

9.工资、薪金按月计征，由扣缴义务人或纳税人在次月的（　　）内缴入国库。

A.5日　　B.7日　　C.10日　　D.15日

10.下列应计入工资、薪金所得纳税的是（　　）。

A.加班费补贴　　B.独生子女费补贴

C.托儿补贴　　D.按国家规定的误餐补助

11.某人2015年2月10日来华工作，2015年3月17日离华，2016年4月14日又来华，2016年9月26日离华，2016年10月9日又来华，2017年5月离华回国。则该纳税人（　　）。

A.2015年度为居民纳税人，2016年度为非居民纳税人

B.2016年度为居民纳税人，2015年度为非居民纳税人

C.2015、2016年度均为非居民纳税人

D.2015、2016年度均为居民纳税人

12.工资薪金所得，适用（　　）的超额累进税率。

A.5%～55%　　B.3%～45%　　C.5%～35%　　D.20%～40%

13.下列所得中一次收入畸高可实行加成征收的是（　　）。

A.利息、股息、红利所得　　B.劳务报酬所得

C.稿酬所得　　D.特许权使用费所得

14.某公司购买了一项非专利技术的使用权，合同约定使用费为50 000元（含税），应代扣代缴的个人所得税为（　　）元。

A.9 000　　B.8 000　　C.10 000　　D.12 000

15.下列所得中，应按全额计算个人所得税的是（　　）。

A.劳务报酬所得　　B.财产转让所得　　C.偶然所得　　D.工资、薪金所得

16.下列所得中，采取定额和定率相结合扣除费用的是（　　）。

A.工资薪金所得　　B.财产转让所得　　C.稿酬所得　　D.偶然所得

17.单位在代扣代缴个人所得税时，应设置（　　）科目进行会计核算。

A.“应交税费——应交个人所得税”　　B.“应交税费——代扣个人所得税”

C.“留存收益”　　D.“其他业务收入”

18.年所得12万元以上的纳税人，应在年度终了（　　）到主管税务机关办理纳税申报。

A.3个月内　　B.30日内　　C.次月15日内　　D.次月7日内

19.张某是个体工商户，其家庭所在地在A市甲区，工商注册地在A市乙区，实际经营地在A市丙区，则张某应在（　　）申报缴纳个人所得税。

A.A市甲区　　B.A市乙区

C.A市丙区　　D.A市甲区、乙区或丙区

20.个人兼职取得的收入应按照（　　）应税项目缴纳个人所得税。

A.工资、薪金所得　　B.劳务报酬所得

C.财产转让所得　　D.其他所得

二、多项选择题

1.个人所得税的纳税人包括（　　）。

A.在中国境内有住所的个人　　B.个体工商户

C.个人独资企业　　D.在中国境内有所得的境外人员

2.个人所得自行申报纳税的纳税人有（　　）。

A.从两处和两处以上取得工资、薪金的　　B.取得应纳税所得，没有扣缴义务人的

C.从中国境外取得所得的　　D.年所得12万元以上的

3.下列各项所得，在计算个人所得税时不得减除费用的有（　　）。

A.股息、利息、红利所得　B.稿酬所得

C.劳务报酬所得　D.偶然所得

4.下列所得中适用20%比例税率的有（　）。

A.财产租赁所得　B.财产转让所得

C.稿酬所得　D.个体工商户的生产、经营所得

5.个人所得税的纳税人分为居民纳税人和非居民纳税人，依据的标准有（　）。

A.境内有无住所　B.境内工作时间

C.取得收入的工作地　D.境内居住时间

6.下列实行超额累进税率的所得有（　）。

A.工资、薪金所得

B.稿酬所得

C.个体工商户的生产、经营所得

D.对企事业单位的承包经营、承租经营所得

7.下列所得中，应按偶然所得征收个人所得税的有（　）。

A.存款利息所得　B.有奖销售中奖所得

C.转让股票所得　D.购福利彩票中奖所得

8.根据个人所得税法的规定，下列说法中正确的有（　）。

A.劳务报酬所得按月征收

B.稿酬所得按次征收

C.个人在同一活动中兼有不同劳务报酬所得的，应合并各项所得统一纳税

D.特许权使用费所得是以一项特许权的一次许可使用所取得的收入为一次所得

9.个人所取得的下列所得中，如果每次收入不超过4 000元，费用扣除800元的有（　）。

A.特许权使用费所得　B.财产租赁所得

C.财产转让所得　D.个体工商户生产、经营所得

10.下列享受附加减除费用的个人包括（　）。

A.华侨和我国港、澳、台同胞　B.在国外打工的中国居民

C.在我国工作的外籍专家　D.在外企工作的中方人员

11.下列免征个人所得税的有（　）。

A.购物抽奖所获奖金　B.省级电台有奖竞猜所获奖金

C.举报所获奖金　D.省级政府颁发的科技奖金

12.下列所得属于稿酬所得的有（　）。

A.图书出版收入　B.翻译资料收入　C.作品连载收入　D.剧本收入

13.目前个人所得税的征收方式主要有（　）。

A.代扣代缴　B.邮寄申报　C.定额征收　D.自行申报

14.下列说法中正确的有（　）。

A.稿酬所得按次征收　B.劳务报酬所得按月征收

C.财产租赁所得按月征收　D.工资、奖金按月征收

15.下列适用5%～35%的超额累进税率的有（　）。

A.个体工商户的生产、经营所得

B.对企事业单位的承包经营、承租经营所得

C.劳务报酬所得

D.个人独资企业及合伙企业

三、判断题

1.根据税法的规定，纳税人从中国境外取得的所得，准予其在应纳税额中据实扣除已在境外缴纳的个人所得税。（ ）

2.对个人转让自用达5年以上的家庭居住用房取得的所得，可以免征个人所得税。（ ）

3.从两处或两处以上取得的工资、薪金所得，应在两地税务机关分别申报纳税。（ ）

4.实行查账征收的个人独资、合伙企业的投资者缴纳个人所得税，应按年计算，分季预缴，由投资者在每季度终了后15日内预缴，年度终了后3个月内汇算清缴、多退少补。（ ）

5.个人将其所得用于公益、救济性捐赠，其捐赠扣除限额为应纳税所得额的30%。（ ）

6.李某承包某单位商店，按承包协议的规定，向发包方每年支付承包费10万元后，一切经营成果均归李某所有。对李某取得所得应按照“工资、薪金所得”项目计算缴纳个人所得税。（ ）

7.个人取得数月奖金，应单独作为一个月的工资薪金计算缴纳个人所得税，而不能将奖金平摊于每个月计税。（ ）

8.某日本公民于2016年5月1日至2017年10月30日在中国境内工作，该日本公民不是我国个人所得税的居民纳税人。（ ）

9.同一作品在报刊连载取得收入的，以连载一个月内取得的收入为一次所得。（ ）

10.个人取得不同项目劳务报酬所得的，应当合并为一次所得计算缴纳个人所得税。（ ）

11.个人从单位取得的年终加薪、劳动分红，应视同股息、红利征税。（ ）

12.居民纳税人，从中国境内和境外取得的所得，依法缴纳个人所得税；非居民纳税人，从中国境外取得的所得，免征个人所得税。（ ）

13.稿酬所得每次按20%的税率征收，但应纳税额减征30%，故实际税率为14%。（ ）

14.对企事业单位承包经营、承租经营者，在一年内分次取得承包经营、承租经营的，应当在取得每次所得后15日内预缴，年度终了后30日内汇算清缴，多退少补。（ ）

15.企业按规定代扣代缴个人所得税时，应借记“应交税费——代扣个人所得税”科目，贷记“应付职工薪酬”科目。（ ）

16.个人以图书报刊方式出版同一作品，不论出版社是预付还是分批支付稿酬，或者加印该作品后再付稿酬，都应合并为一次征税。（ ）

17.目前我国个人所得税采取单位源泉扣缴和个人自行申报两种方式。（ ）

18. 偶然所得应缴的个人所得税，一律由发放单位或机构代扣代缴。 （ ）

19. 个体工商户生产、经营所得，在计提个人所得税时应通过“所得税费用”科目和“应交税费——应交所得税”科目核算。 （ ）

20. 纳税人从中国境外取得的所得，已在境外缴纳个人所得税的，只要有正式凭据，均可在其应纳税额中扣除。 （ ）

四、简答题

1. 什么是个人所得税的纳税人？如何区分居民纳税人和非居民纳税人？

2. 工资、薪金所得中，适用附加减除费用的纳税人有哪些？

3. 稿酬所得按次纳税，如何理解稿酬所得中每次收入的含义？

4. 个人所得税申报方式分为源泉扣缴和自行申报，哪些所得需要自行申报？

5. 个人所得税的征收范围包括哪些项目？

五、实务题

1. 中国公民李某2016年12月取得全年一次性奖金24 000元，当月还取得工资8 000元，缴纳养老保险240元、医疗保险360元、失业保险200元。

要求：计算李某12月应缴纳的个人所得税。

2. 作家张某2017年3月出版了一本小说，取得稿酬40 000元，同年8月又取得加印稿酬5 000元。

要求：计算张某应缴纳的个人所得税。

3. 李某2017年8月购买福利彩票，中奖100 000元，当即拿出20 000元通过民政局捐给了灾区。

要求：计算李某应缴纳的个人所得税。

4. 张某和孙某应聘于同一家外商投资企业，月薪均为10 000元。但合同规定，张某自己负担个人所得税，孙某由企业负担税款。

要求：计算张某和孙某应缴纳的个人所得税，并进行账务处理。

5. 孙某为自由职业者，2017年承包了一家酒店，承包期3年，每年上缴承包费120 000元，全年取得经营净利润250 000元，王某每月工资4 000元，已作为成本扣除。

要求：计算孙某应缴纳的个人所得税。

6. 杨某为居民纳税人，2017年在美国取得工资收入240 000元，稿酬所得收入10 000元；在韩国取得股息、红利收入15 000元。杨某已分别在美国、韩国缴纳了个人所得税6 000元和2 000元。

要求：计算杨某在我国应补缴的个人所得税。

7. 某理工大学的王教授2016年12月的收入情况如下：

（1）工资收入5 000元。

（2）年终奖金6 000元。

（3）担任兼职律师取得收入80 000元，通过民政局捐给希望工程40 000元。

（4）取得稿酬3 800元。

（5）出售自用6年的家庭唯一住房，扣除购买住房的价格和售房时按规定支付的有关税费后，取得净收入120 000元。

要求：计算王教授应缴纳的个人所得税。

8.高级工程师赵某（中国公民）2017年度取得收入情况如下：

（1）每月工资5 000元。

（2）与其同事合作出版业务书一本，稿酬共计9 000元，赵某分得3 000元。

（3）为其他单位提供一次工程设计，取得劳务报酬收入25 000元，将其中10 000元通过民政单位捐赠给了贫困地区的一所希望小学。

（4）投资股票市场，分得红利5 000元。

（5）在境外某杂志上刊登论文一篇，取得稿酬3 200元（人民币），已在境外缴纳了个人所得税300元（人民币）。

（6）将自有住房出租，每月租金收入2 000元。

（7）转让一项专利权，取得收入20 000元。

要求：计算该工程师应缴纳的个人所得税。

9.中国公民李某为外商投资企业的高级职员，2017年度全年收入如下：

（1）雇佣单位每月支付工资、薪金12 000元。

（2）派遣单位每月支付薪金2 000元。

（3）从国外一次性取得特许权使用费收入折合人民币18 000元，并提供了来源国纳税凭证，纳税折合人民币4 000元。

要求：计算李某应缴纳的个人所得税。

10.某个体工商户从事货物运输业务，2017年全年取得营业收入500 000元，营业成本200 000元；雇工工资每月1 000元，共有雇工5名；业主工资每月4 000元；列支业务招待费30 000元；发生广告费20 000元；缴纳税费合计22 000元。

要求：计算该个体工商户应缴纳的所得税税额。

六、综合实训题

实训一

【实训资料】中国公民张华为河北钢铁公司工程师，2017年取得各项收入如下：

（1）1—12月份，每月应发工资8 200元，“三险一金”2 100元，年终奖金12 000元，公司按规定代扣代缴了个人所得税。

（2）3月份出版了一本小说，取得稿酬15 000元；出版社按规定代扣代缴了个人所得税。

（3）5月份购买体育彩票中奖收入50 000元，通过民政局向受灾地区捐赠20 000元；其按规定缴纳了个人所得税。

（4）8月份在A、B两国讲学分别取得收入18 000元和35 000元，已分别纳税2 000元和6 000元。

（5）10月份转让居住4年的个人住房，取得收入300 000元，该房屋的购入原值150 000元，发生合理费用21 000元，按规定缴纳了个人所得税。

（6）12月份为某单位设计图纸，取得设计费10 000元，该单位未按规定扣缴个人所得税。

【实训要求】计算张华2017年应缴纳的个人所得税，根据计算结果编制个人所得税申报表。以下为扣缴个人所得税报告表（见表5-1）和个人所得税自行纳税申报表（见表5-2）。

表5-1

扣缴个人所得税报告表

税款所属期：　　　　年　月　日至　年　月　日

扣缴义务人名称：　　　　扣缴义务人所属行业：□一般行业　□特定行业月份申报

扣缴义务人编码：□□□□□□□□□□□□□□□□□□□□□□□□□　　　　金额单位：元（列至角分）

序号	姓名	身份证件类型	身份证件号码	所得项目	所得期间	收入额	免税所得	税前扣除项目								减除费用	准予扣除的捐赠额	应纳税所得额	税率%	速算扣除数	应纳税额	减免税额	应扣缴税额	已扣缴税额	应补（退）税额	备注
								基本养老保险费	基本医疗保险费	失业保险费	住房公积金	财产原值	允许扣除的税费	其他	合计											
1	2	3	4	5	6	7	8	9	10	11	12	13	14	15	16	17	18	19	20	21	22	23	24	25	26	27
合计																										

谨声明：此扣缴报告表是根据《中华人民共和国个人所得税法》及其实施条例和国家有关税收法律法规规定填写的，是真实的、完整的、可靠的。

法定代表人（负责人）签字：　　　　年　月　日

扣缴义务人公章： 经办人：	代理机构（人）签章： 经办人： 经办人执业证件号码：	主管税务机关受理专用章： 受理人：
填表日期：　年　月　日	代理申报日期：　年　月　日	受理日期：　年　月　日

国家税务总局监制

表5-2

个人所得税自行纳税申报表

税款所属期：自　　年　月　日至　　年　月　日　　　　　　　　　　　　　　　　金额单位：元（列至角分）

姓名		国籍（地区）		身份证件类型		身份证件号码	

自行申报情形	□从中国境内两处或者两处以上取得工资、薪金所得	□没有扣缴义务人	□其他情形

任职受雇单位名称	所得期间	所得项目	收入额	免税所得	税前扣除项目								减除费用	准予扣除的捐赠额	应纳税所得额	税率%	速算扣除数	应纳税额	减免税额	已缴税额	应补（退）税额
					基本养老保险费	基本医疗保险费	失业保险费	住房公积金	财产原值	允许扣除的税费	其他	合计									
1	2	3	4	5	6	7	8	9	10	11	12	13	14	15	16	17	18	19	20	21	22

谨声明：此表是根据《中华人民共和国个人所得税法》及其实施条例和国家相关法律法规规定填写的，是真实的、完整的、可靠的。

纳税人签字：　　　　年　月　日

代理机构（人）公章： 经办人： 经办人执业证件号码：	主管税务机关受理专用章： 受理人：
代理申报日期：　年　月　日	受理日期：　年　月　日

国家税务总局监制

实训二

【实训资料】李玲是从事肉食品加工的个体工商户，2017年度有关经营情况如下：

（1）取得营业收入600 000元。

（2）营业成本250 000元。

（3）缴纳相关税费合计22 000元。

（4）销售费用30 000元。

（5）管理费用40 000元，其中业务招待费6 000元。

（6）财务费用20 000元，其中向某单位借入流动资金100 000元，支付利息10 000元，同期银行贷款利率7%。

（7）雇工工资每月1 000元，共5名雇工；业主工资每月5 000元。

（8）小货车发生车祸，损失60 000元，保险公司赔款35 000元。

（9）预缴个人所得税25 000元。

【实训要求】计算李玲2017年应缴纳的个人所得税，并编制个人所得税纳税申报表。生产、经营所得个人所得税纳税申报表见表5-3。

表5-3　　生产、经营所得个人所得税纳税申报表

税款所属期：　　年　月　日至　　年　月　日　　　　金额单位：元（列至角分）

<table>
<tr><td rowspan="2">投资者信息</td><td>姓名</td><td></td><td>身份证件类型</td><td></td><td>身份证件号码</td><td colspan="2"></td></tr>
<tr><td>国籍（地区）</td><td colspan="3"></td><td>纳税人识别号</td><td colspan="2"></td></tr>
<tr><td rowspan="2">被投资单位信息</td><td>名称</td><td colspan="3"></td><td>纳税人识别号</td><td colspan="2"></td></tr>
<tr><td>类型</td><td colspan="6">□个体工商户　□承包、承租经营者　□个人独资企业　□合伙企业</td></tr>
<tr><td colspan="4">项　目</td><td>行次</td><td>金　额</td><td>补充资料</td></tr>
<tr><td colspan="4">一、收入总额</td><td>1</td><td></td><td rowspan="11"></td></tr>
<tr><td colspan="4">减：成本</td><td>2</td><td></td></tr>
<tr><td colspan="4">销售费用</td><td>3</td><td></td></tr>
<tr><td colspan="4">管理费用</td><td>4</td><td></td></tr>
<tr><td colspan="4">财务费用</td><td>5</td><td></td></tr>
<tr><td colspan="4">税金及附加</td><td>6</td><td></td></tr>
<tr><td colspan="4">营业外支出</td><td>7</td><td></td></tr>
<tr><td colspan="4">二、利润总额</td><td>8</td><td></td></tr>
<tr><td colspan="4">三、纳税调整增加额</td><td>9</td><td></td></tr>
<tr><td colspan="4">1.超过规定标准扣除的项目</td><td>10</td><td></td></tr>
<tr><td colspan="4">（1）职工福利费</td><td>11</td><td></td></tr>
</table>

续表

项　目	行次	金　额	补充资料
(2) 职工教育经费	12		1.年平均职工人数：______人 2.工资总额：________元 3.投资者人数：________人
(3) 工会经费	13		
(4) 利息支出	14		
(5) 业务招待费	15		
(6) 广告费和业务宣传费	16		
(7) 教育和公益事业捐赠	17		
(8) 住房公积金	18		
(9) 社会保险费	19		
(10) 折旧费用	20		
(11) 无形资产摊销	21		
(12) 资产损失	22		
(13) 其他	23		
2.不允许扣除的项目	24		
(1) 资本性支出	25		
(2) 无形资产受让、开发支出	26		
(3) 税收滞纳金、罚金、罚款	27		
(4) 赞助支出、非教育和公益事业捐赠	28		
(5) 灾害事故损失赔偿	29		
(6) 计提的各种准备金	30		
(7) 投资者工资薪金	31		
(8) 与收入无关的支出	32		
其中：投资者家庭费用	33		
四、纳税调整减少额	34		
1.国债利息收入	35		
2.其他	36		

续表

项　目	行次	金　额	补充资料
五、以前年度损益调整	37		
六、经纳税调整后的生产经营所得	38		
减：弥补以前年度亏损	39		
乘：分配比例（%）	40		
七、允许扣除的其他费用	41		
八、投资者减除费用	42		
九、应纳税所得额	43		
十、税率（%）	44		
十一、速算扣除数	45		
十二、应纳税额	46		
减：减免税额	47		
十三、全年应缴税额	48		
加：期初未缴税额	49		
减：全年已预缴税额	50		
十四、应补（退）税额	51		

<table>
<tr><td colspan="2">谨声明：此表是根据《中华人民共和国个人所得税法》及其实施条例和国家相关法律法规规定填写的，是真实的、完整的、可靠的。
纳税人签字：　　　　　　　　年　月　日</td></tr>
<tr><td>代理申报机构（人）公章：
经办人：
经办人执业证件号码：</td><td>主管税务机关受理专用章：
受理人：</td></tr>
<tr><td>代理申报日期：　　年　月　日</td><td>受理日期：　　年　月　日</td></tr>
</table>

国家税务总局监制

项目六 其他税

一、单项选择题

1.下列情况中应缴纳城市维护建设税的是（　　）。

A.外贸单位进口货物　　B.外贸单位出口货物

C.内资企业销售免征增值税货物　　D.宾馆取得营业收入

2.南北公司向新华公司租入2辆载货汽车，汽车总价值为80万元。合同规定，租期2个月，租金为4.8万元，则甲公司应纳印花税税额为（　　）元。

A.48　　B.14.4　　C.4.8　　D.24

3.申花企业实际占用土地面积1万平方米，经税务部门核定，该企业所处地段土地税额为每平方米5元，则该企业全年应缴纳城镇土地使用税（　　）万元。

A.5　　B.7.5　　C.6.25　　D.60

4.在我国，下列各项中房屋可免征收房产税的是（　　）。

A.城市的市区　　B.县城　　C.农村　　D.城市的郊区

5.下列车船中以“净吨位”为计税单位的是（　　）。

A.载客汽车　　B.载货汽车　　C.专项作业车　　D.船舶

6.纳税人所在地在农村的，其适用的城市维护建设税税率是（　　）。

A.1%　　B.3%　　C.5%　　D.7%

7.对于获准汇总缴纳印花税的纳税人，其汇总缴纳期限最长不得超过（　　）。

A.1个月　　B.2个月　　C.3个月　　D.半个月

8.某市东华公司委托下属县城胜利加工厂加工材料，加工后收回产品时，加工厂为该公司代扣代缴消费税20万元，则该公司应代扣代缴城市维护建设税（　　）元。

A.10 000　　B.14 000　　C.6 000　　D.2 000

9.按照房产租金收入计算房产税所适用的税率是（　　）。

A.12%　　B.10%　　C.2%　　D.1.2%

10.下列关于城市维护建设税和教育费附加的表述中，正确的是（　　）。

A.城市维护建设税和教育费附加都具有进口不征、出口不退的计征规则

B.只有同时缴纳增值税、消费税的纳税人，才是我国城市维护建设税的纳税人

C.纳税人违反消费税的有关规定而被加收的滞纳金和罚款，应据以计算缴纳城市维护建设税和教育费附加

D.城市维护建设税和教育费附加均不适用《税收征管法》的规定

11.下列关于租赁涉及的房产税的表述中正确的是（　　）。

A.融资租赁房屋的，房产最终转让给承租方的，由承租人缴纳租赁过程中的房产税

B.融资租赁房屋的，以房产余值为计税依据计征房产税

C.融资租赁房屋的，以租金收入为依据计征房产税

D.对以劳务作为报酬抵付房租收入的，应根据当地同类房屋的租金水平，确定租金标准

12.下列各项中，暂免征收房产税的是（ ）。

A.房管部门向居民出租的公有住房

B.文化体育单位出租的公有住房

C.企业按政府规定价格向职工出租的单位自有住房

D.个人对外出租经营的自有住房

13.以下关于房产税纳税期限以及纳税申报的表述中，正确的是（ ）。

A.房产税实行按年征收，分期缴纳

B.房产税的纳税期限由省、自治区、直辖市人民政府确定

C.房产税一般按月、季、半年预征

D.纳税人住址发生变更、产权发生转移，应按规定及时向税务机关办理变更登记

14.下列关于车船税的表述中正确的是（ ）。

A.属于行为税类

B.实行从量定额征收

C.适用于在我国境内拥有或管理车船的所有单位和个人，但不包括外商投资企业

D.按年申报缴纳

E.四轮农用运输车免征车船税

15.下列车辆中应缴纳车船税的是（ ）。

A.出租汽车 B.行政单位办公车辆 C.自行车

D.外商投资企业经营用车 E.农民个人的货运车

二、多项选择题

1.城市维护建设税的计税依据由纳税人缴纳的有（ ）。

A.增值税税额 B.资源税税额

C.所得税税额 D.消费税税额

2.下列适用印花税定额税率的有（ ）。

A.财产租赁合同 B.产权转移书据

C.其他账簿 D.权利、许可证照

3.下列项目中，税法明确规定免征城镇土地使用税的有（ ）。

A.市妇联办公楼用地 B.寺庙开办的旅店用地

C.街道绿化地带用地 D.个人居住房屋用地

4.房产税的计税依据有（ ）。

A.房产净值 B.房产的租金收入

C.房产余值 D.房产的计税价值

5.车船税的免税项目有（ ）。

A.警用车辆 B.拖船

C.消防车船 D.游艇

6.对出口产品退还（ ）的，不退还已缴纳的城市维护建设税。

A.增值税
B.关税
C.资源税
D.消费税

7.税法规定，财产所有人将财产赠给（　　）所书立的书据，免纳印花税。

A.学校
B.国有独资企业
C.社会福利机构
D.政府

8.记载资金的账簿，印花税计税依据是（　　）的合计数。

A.实收资本
B.留存收益
C.盈余公积
D.资本公积

9.城镇土地使用税的纳税人包括（　　）。

A.土地的实际使用人
B.土地的代管人
C.拥有土地使用权的单位和个人
D.土地使用权共有的各方

10.房产税的纳税人有（　　）。

A.产权所有人　B.承典人　C.房产使用人　D.承租人

11.以下关于房产税纳税期限以及纳税申报的表述中，正确的有（　　）。

A.房产税实行按年征收，分期缴纳
B.房产税的纳税期限由省、自治区、直辖市人民政府确定
C.房产税一般按月、季、半年预征
D.纳税人住址发生变更、产权发生转移，应按规定及时向税务机关办理变更登记

12.在车船税征税过程中，以“辆”为计税依据的有（　　）。

A.电车
B.载货汽车
C.专项作业车
D.三轮汽车低速货车

13.下列关于车船税的表述中正确的有（　　）。

A.属于行为税类　B.实行从量定额征收　C.按年申报缴纳
D.适用于在我国境内拥有或管理车船的所有单位和个人，但不包括外商投资企业

14.下列关于城镇土地使用税纳税义务发生时间相关论述中不正确的有（　　）。

A.纳税人出租房产，自交付出租房产之次月起计征城镇土地使用税
B.房地产开发企业自用本企业建造的商品房，自房屋使用的当月起计征城镇土地使用税
C.纳税人新征用的非耕地，自批准征用当月起缴纳城镇土地使用税
D.纳税人新征用的耕地，自批准征用之日起满1年时开始缴纳城镇土地使用税

15.下列位于某市各项房产中应当征收房产税的有（　　）。

A.居民出租的房产
B.居民投资联营的房产
C.居民自有的居住用房
D.居民拥有的营业用房

三、判断题

1.发生增值税、消费税出口退税时，城市维护建设税和教育费附加不可退还。（　　）

2.对应税凭证，凡由两方或两方以上当事人共同订立的，由当事人协商确定其中一方为印花税纳税人。（　　）

3.对于多贴印花税票者，可以向当地税务机关申请退税或者抵用。（　　）

4.城镇土地使用税的征收对象不包括城市郊区的土地。（　　）

5.对个人按市场价格出租的居民住房，可暂按其租金收入的4%征收房产税。（　）

6.海关对进口产品代征的增值税、消费税，不征收城市维护建设税。（　）

7.纳税人违反增值税、消费税相关法律法规而加收的滞纳金和罚款，是税务机关对纳税人违法行为的经济制裁，不作为城市维护建设税的计税依据。（　）

8.出口货物退还增值税和消费税时，不退还已缴纳的城市维护建设税。（　）

9.耕地占用税和契税，房地产开发企业计入开发成本，其他企业计入无形资产。（　）

10.由国家财政部门拨付事业经费的单位自用的车辆免征车船税。（　）

四、简答题

1.城市维护建设税、教育费附加的计税依据有哪些？

2.进口货物缴纳的增值税和消费税是否也需要缴纳城市维护建设税和教育费附加？

3.印花税的应税凭证有哪些？

4.车船税的计税依据是如何规定的？新购置的汽车应怎样缴纳车船税？

5.土地增值税的扣除项目有哪些？房地产企业与其他企业有何区别？

五、实务题

1.长城汽车修理厂2016年12月实际已纳增值税300万元，消费税400万元。

要求：计算当月应缴纳的城市维护建设税及教育费附加，并编制有关会计分录。

2.大洋公司2016年度有A、B两处单独地下建筑设施，其中，A设施现为地下仓库，土地使用证上载明占地面积为3 000平方米；B设施为地下商场，土地使用证上标明土地面积为3 500平方米。经税务机关确认，大洋公司所占用土地适用税额为：A设施每平方米年税额7元，B设施每平方米年税额4元。

要求：计算大洋公司年应纳城镇土地使用税税额，并编制有关会计分录。

3.盛世公司2016年年初开业，领受房产证、工商营业执照、商标注册证、土地使用权证各一份，订立转移专用技术使用权书据一份，所载金额为300万元；订立产品销货合同一件，所载金额为500万元；订立借款合同一份，所载金额为100万元；订立财产保险合同一份，保险费金额为4.2万元。此外，公司营业账簿中资金账簿记载，实收资本为1 200万元，资本公积为300万元。

要求：计算盛世公司的应纳印花税，并编制有关会计分录。

4.某运输公司拥有载货汽车14辆（其中2辆货车报停，货车载货净吨位全部为5吨）；乘人大客车35辆（其中32座车10辆，28座车25辆）；2016年7月1日购入小客车6辆（均为10座车）。车船税年税额为：载货汽车每吨50元，乘人汽车30座以上的每辆180元，11～30个座位的每辆150元，11座以下的每辆140元。

要求：计算该运输公司2016年应缴纳的车船税，并编制有关会计分录。

六、综合实训题

【实训资料】承接“五、实务题”第1~4题。

【实训要求】

（1）根据“五、实务题”第1题，编制城市维护建设税纳税申报表（见表6-1）及教育费附加纳税申报表（见表6-2）。

（2）根据“五、实务题”第2题，编制城镇土地使用税纳税申报表（见表6-3）。

（3）根据“五、实务题”第3题，编制印花税纳税申报表（见表6-4）。

（4）根据“五、实务题”第4题，编制车船税纳税申报表（见表6-5）。

表6-1

城市维护建设税纳税申报表

填表日期：　　年　月　日

纳税人识别号□□□□□□□□□□□□□□□□□□　　金额单位：元（列至角分）

<table>
<tr><td>纳税人名称</td><td colspan="2"></td><td>税款所属时间</td><td colspan="3"></td></tr>
<tr><td>计税依据</td><td>计税金额</td><td>税率</td><td>应纳税额</td><td>已纳税额</td><td colspan="2">应补（退）税额</td></tr>
<tr><td>1</td><td>2</td><td>3</td><td>4=2×3</td><td>5</td><td colspan="2">6=4-5</td></tr>
<tr><td>增值税</td><td></td><td></td><td></td><td></td><td colspan="2"></td></tr>
<tr><td>消费税</td><td></td><td></td><td></td><td></td><td colspan="2"></td></tr>
<tr><td>合计</td><td></td><td></td><td></td><td></td><td colspan="2"></td></tr>
<tr><td colspan="2">如纳税人填报，由纳税人填写以下各栏</td><td colspan="4">如委托代理人填报，由代理人填写以下各栏</td><td>备注</td></tr>
<tr><td rowspan="3">会计主管
（签章）</td><td rowspan="3">纳税人
（公章）</td><td>代理人名称</td><td></td><td colspan="2" rowspan="2">代理人
（公章）</td><td rowspan="3"></td></tr>
<tr><td>代理人地址</td><td></td></tr>
<tr><td>经办人</td><td></td><td>电话</td><td></td></tr>
<tr><td colspan="7">以下由税务机关填写</td></tr>
<tr><td>收到申报表日期</td><td></td><td>接收人</td><td colspan="4"></td></tr>
</table>

表6-2

教育费附加纳税申报表

填表日期：　　年　月　日

纳税人识别号□□□□□□□□□□□□□□□□□□　　金额单位：元（列至角分）

<table>
<tr><td>纳税人名称</td><td colspan="2"></td><td>税款所属时间</td><td colspan="3"></td></tr>
<tr><td>计税依据</td><td>计征金额</td><td>附加率</td><td>应征额</td><td>已征额</td><td colspan="2">应缴（退）费额</td></tr>
<tr><td>增值税</td><td></td><td></td><td></td><td></td><td colspan="2"></td></tr>
<tr><td>消费税</td><td></td><td></td><td></td><td></td><td colspan="2"></td></tr>
<tr><td>合计</td><td></td><td></td><td></td><td></td><td colspan="2"></td></tr>
<tr><td colspan="2">如纳税人填报，由纳税人填写以下各栏</td><td colspan="4">如委托代理人填报，由代理人填写以下各栏</td><td>备注</td></tr>
<tr><td rowspan="3">会计主管
（签章）</td><td rowspan="3">纳税人
（公章）</td><td>代理人名称</td><td></td><td colspan="2" rowspan="2">代理人
（公章）</td><td rowspan="3"></td></tr>
<tr><td>代理人地址</td><td></td></tr>
<tr><td>经办人</td><td></td><td>电话</td><td></td></tr>
<tr><td colspan="7">以下由税务机关填写</td></tr>
<tr><td>收到申报表日期</td><td></td><td>接收人</td><td colspan="4"></td></tr>
</table>

表 6-3　　**城镇土地使用税纳税申报表**

填表日期：　　年　月　日

纳税人识别号 □□□□□□□□□□□□□□□□□□　　　　金额单位：元（列至角分）

<table>
<tr><td colspan="2">纳税人名称</td><td colspan="5"></td><td colspan="3">税款所属时期</td><td colspan="4"></td></tr>
<tr><td colspan="3">房产坐落地点</td><td colspan="11"></td></tr>
<tr><td rowspan="2">坐落地点</td><td rowspan="2">上期占地面积</td><td rowspan="2">本期增减</td><td rowspan="2">增减时间</td><td rowspan="2">本期实际占地面积</td><td rowspan="2">法定免税面积</td><td rowspan="2">应税面积</td><td rowspan="2">土地等级</td><td rowspan="2">适用税额</td><td rowspan="2">全年应缴税额</td><td rowspan="2">年缴纳次数</td><td colspan="3">本期</td></tr>
<tr><td>应纳税额</td><td>已纳税额</td><td>应补（退）税额</td></tr>
<tr><td>1</td><td>2</td><td>3</td><td></td><td>4=2+3</td><td>5</td><td>6=4−5</td><td>7</td><td>8</td><td>9=7×8</td><td>10</td><td>11=9÷10</td><td>12</td><td>13=11−12</td></tr>
<tr><td></td><td></td><td></td><td></td><td></td><td></td><td></td><td></td><td></td><td></td><td></td><td></td><td></td><td></td></tr>
<tr><td></td><td></td><td></td><td></td><td></td><td></td><td></td><td></td><td></td><td></td><td></td><td></td><td></td><td></td></tr>
<tr><td></td><td></td><td></td><td></td><td></td><td></td><td></td><td></td><td></td><td></td><td></td><td></td><td></td><td></td></tr>
<tr><td></td><td></td><td></td><td></td><td></td><td></td><td></td><td></td><td></td><td></td><td></td><td></td><td></td><td></td></tr>
<tr><td></td><td></td><td></td><td></td><td></td><td></td><td></td><td></td><td></td><td></td><td></td><td></td><td></td><td></td></tr>
<tr><td></td><td></td><td></td><td></td><td></td><td></td><td></td><td></td><td></td><td></td><td></td><td></td><td></td><td></td></tr>
<tr><td></td><td></td><td></td><td></td><td></td><td></td><td></td><td></td><td></td><td></td><td></td><td></td><td></td><td></td></tr>
<tr><td></td><td></td><td></td><td></td><td></td><td></td><td></td><td></td><td></td><td></td><td></td><td></td><td></td><td></td></tr>
<tr><td></td><td></td><td></td><td></td><td></td><td></td><td></td><td></td><td></td><td></td><td></td><td></td><td></td><td></td></tr>
<tr><td></td><td></td><td></td><td></td><td></td><td></td><td></td><td></td><td></td><td></td><td></td><td></td><td></td><td></td></tr>
<tr><td></td><td></td><td></td><td></td><td></td><td></td><td></td><td></td><td></td><td></td><td></td><td></td><td></td><td></td></tr>
<tr><td>合计</td><td></td><td></td><td></td><td></td><td></td><td></td><td></td><td></td><td></td><td></td><td></td><td></td><td></td></tr>
</table>

<table>
<tr><td colspan="2">如纳税人填报，由纳税人填写</td><td colspan="4">如委托代理人填报，由代理人填写以下各栏</td></tr>
<tr><td rowspan="3">会计主管
（签章）</td><td rowspan="3">纳税人
（公章）</td><td>代理人名称</td><td></td><td rowspan="2">代理人
（公章）</td><td rowspan="2"></td></tr>
<tr><td>代理人地址</td><td></td></tr>
<tr><td>经办人姓名</td><td></td><td>电话</td><td></td></tr>
<tr><td colspan="6">以下由税务机关填写</td></tr>
<tr><td>收到申报表日期</td><td colspan="2"></td><td>接收人</td><td colspan="2"></td></tr>
</table>

表6-4　　**印花税纳税申报表**

填表日期：　　年　月　日

纳税人识别号□□□□□□□□□□□□□□□□□□□□　　金额单位：元（列至角分）

<table>
<tr><td rowspan="3">应税凭证</td><td rowspan="2">计税金额或件数</td><td rowspan="2">适用税率</td><td colspan="2">核定征收</td><td rowspan="2">本期应纳税额</td><td rowspan="2">本期已缴税额</td><td rowspan="2">本期应补（退）税额</td></tr>
<tr><td>核定依据</td><td>核定比例</td></tr>
<tr><td>1</td><td>2</td><td>3</td><td>4</td><td>5=1×2+2×3×4</td><td>6</td><td>7=5−6</td></tr>
<tr><td></td><td></td><td></td><td></td><td></td><td></td><td></td><td></td></tr>
<tr><td></td><td></td><td></td><td></td><td></td><td></td><td></td><td></td></tr>
<tr><td></td><td></td><td></td><td></td><td></td><td></td><td></td><td></td></tr>
<tr><td></td><td></td><td></td><td></td><td></td><td></td><td></td><td></td></tr>
<tr><td></td><td></td><td></td><td></td><td></td><td></td><td></td><td></td></tr>
<tr><td>合计</td><td></td><td></td><td></td><td></td><td></td><td></td><td></td></tr>
</table>

<table>
<tr><td rowspan="7">纳税人或代理人声明：此纳税申报表是根据国家税收法律的规定填报的，我确信它是真实的、可靠的、完整的。</td><td colspan="6">如纳税人填报，由纳税人填写以下各栏</td></tr>
<tr><td>经办人（签章）</td><td></td><td>会计主管（签章）</td><td></td><td>法定代表人（签章）</td><td></td></tr>
<tr><td colspan="6">如委托代理人填报，由代理人填写以下各栏</td></tr>
<tr><td>代理人名称</td><td colspan="2"></td><td colspan="3" rowspan="3">代理人（公章）</td></tr>
<tr><td>经办人（签章）</td><td colspan="2"></td></tr>
<tr><td>联系电话</td><td colspan="2"></td></tr>
</table>

<table>
<tr><td colspan="6">以下由税务机关填写</td></tr>
<tr><td>受理人</td><td></td><td>受理日期</td><td></td><td>受理税务机关（签章）</td><td></td></tr>
</table>

表6-5　**车船税纳税申报表**

填表日期：　　年　月　日

纳税人识别号□□□□□□□□□□□□□□□□□□　　金额单位：元（列至角分）

纳税人名称				税款所属时间				
车船类别	计税标准	数量	单位税额	全年应缴税额	年缴纳次数	本期		
						应纳税额	已纳税额	应补（退）税额
1	2	3	4	5=2×4	6	7=5÷6	8	9=7−8
合计								

如纳税人填报，由纳税人填写		如委托代理人填报，由代理人填写以下各栏			
会计主管（签章）	纳税人（公章）	代理人名称		代理人（公章）	
		代理人地址			
		经办人姓名		电话	
以下由税务机关填写					
收到申报表日期		接收人			

项目七 税收征管相关法规

一、单项选择题

1.我国税务行政处罚的实施主体是（　　）。

A.税务机关的内设机关　　B.税务机关的派出机构

C.县以上的税务机关　　D.税务所

2.税务机关对当事人作出罚款行政处罚决定的，当事人应当在收到行政处罚书之日起15日内缴纳罚款，逾期不缴纳的，税务机关可以根据罚款数额对当事人按日加处罚款，计算加处罚款的比例是（　　）。

A.1%　　B.3%　　C.1%　　D.2%

3.根据现行规定，纳税人对税务机关作出的（　　）不服的，必须先申请行政复议；对复议决定不服的，再向人民法院起诉。

A.征收税款、加收滞纳金　　B.责令提供纳税担保

C.税收保全措施　　D.税收强制执行措施

4.下列税务行政复议受理的案件中，（　　）必须先经复议，对复议结果不服时才可提起税务行政诉讼。

A.税款征收问题　　B.审批出口退税　　C.税务行政处罚　　D.提供纳税担保

5.税务复议机关决定不予受理或者受理后超过复议期限不作答复的，纳税人和其他税务当事人可以自收到不予受理决定书之日起或者行政复议期满之日起（　　）内，依法向人民法院提起行政诉讼。

A.10日　　B.15日　　C.30日　　D.60日

二、多项选择题

1.税务检查权是税务机关在检查活动中依法享受的权利，《税收征管法》规定税务机关有权（　　）。

A.检查纳税人的账簿、记账凭证、报表和有关资料

B.责成纳税人提供与纳税有关的文件、评审材料和有关资料

C.到纳税人的生产、经营场所和货物存放地检查纳税人应纳税的商品、货物或者其他财产

D.对纳税人的住宅及其他生活场所进行检查

2.纳税人有逃避纳税义务行为或欠税需出境等情形时，税务机关可要求纳税人采取（　　）方式提供担保。

A.提交纳税保证金　　B.提供财产担保　　C.提供纳税担保人　　D.变卖财产抵缴

3.我国现行的税务行政处罚种类主要有（　　）。

A.罚款　　B.没收非法所得

C.停止出口退税权　　D.注销税务登记

4.税务行政复议受案范围中所指的税务机关作出的征税行为主要包括（　　）。

A.征收税款　　B.扣押、查货物等财产

C.加收滞纳金　　D.依法代扣代收税款

5.税务行政复议的当事人包括（　　）。

A.纳税人　　B.扣缴义务人　　C.负税人　　D.纳税担保人

6.下列单位中，（　　）具有税务行政处罚权。

A.县级国家税务局　　B.税务所

C.县级地方税务局　　D.税务机关派出机构

7.下列关于税务行政处罚设定的表述中，正确的有（　　）。

A.国家税务总局对非经营活动中的违法行为，设定罚款不得超过1 000元

B.国家税务总局对非经营活动中有违法所得的违法行为，设定罚款不得超过5 000元

C.国家税务总局对经营活动中没有违法所得的违法行为，设定罚款不得超过10 000元

D.国家税务总局对经营活动中有违法所得的违法行为，设定罚款不得超过违法所得的3倍且最高不得超过30 000元

8.属于税务行政复议受案范围，主要有税务机关的（　　）。

A.制定规范性文件的行为

B.作出的税收保全措施

C.作出的征税行为

D.作出的行政处罚行为

9.纳税人对税务机关作出的下列行为不服的，可申请复议或直接诉讼的有（　　）。

A.不予核准延期纳税　　B.加收滞纳金

C.税收强制执行措施　　D.税务行政处罚

10.纳税人和其他税务当事人对侵犯合法权益的特定税务行政诉讼受案范围有（　　）。

A.税务机关通知银行冻结其存款的行为

B.税务机关预期未对其复议申请作出答复的行为

C.税务机关对其所缴的税款没有上缴国库的

D.税务机关制定的规范性文件损害了纳税人合法权益的行为

三、判断题

1.纳税人因偷税未缴或少缴的税款，税务机关可以无限期追缴。（　　）

2.税务机关可依法到纳税人的生产、生活、经营场所和货物存放地检查纳税人应纳税的商品、货物或其他财产。（　　）

3.税务当事人对税务机关作出的罚款行政处罚，可以在收到税务行政处罚事项通知书后的有效期限内提出听证要求，税务机关不得拒绝。（　　）

4.纳税人对税务机关作出的取消增值税一般纳税人资格的行为不服的，必须向上一级税务机关申请行政复议而不能直接进行诉讼。（　　）

5.税务当事人对税务机关的复议决定不服的，可以在接到复议决定书之日起30日内向人民法院起诉。（　　）

四、简答题

1.什么是税务行政处罚？其原则有哪些？

2.税务行政诉讼的范围包括哪些？

3.税务行政复议的范围包括哪些？

4.税务行政复议与税务行政诉讼有何区别？

五、实务题

1.某机械制造厂2016年10月份欠缴税款10万元，12月份又欠缴税款8万元。主管税务机关屡催无效，于2017年3月份决定对该企业依法采取强制执行措施。在执行措施过程中，该厂采取场外租赁仓库的手段，转移了大部分产品，以逃避强制措施的执行。主管税务部门将其剩余的应税产品予以查封，并依法拍卖，将其拍卖所得17.5万元抵缴了税款。

要求：分析该企业的欠税行为应该承担行政处罚责任，还是刑事责任？

2.某个体饭店老板王某自2017年1月至6月一直没有向税务机关申报纳税，税务机关多次催缴无效。2017年7月6日，路北区地税分局经主管税务局局长批准，采取税收强制执行措施，扣押了王某的小汽车1辆，并以拍卖该小汽车的所得抵顶税款、罚款、滞纳金等，剩余款项退还王某。王某不服，于2017年7月25日向市地税局申请税务行政复议，市地税局复议后维持路北区地税分局的决定。

要求：复议后王某可否提起税务行政诉讼？被起诉的税务机关是哪一个？

附：习题与实训参考答案

项目一　增值税

一、单项选择题

1.A　2.A　3.C　4.A　5.B　6.A　7.D　8.D　9.A　10.C　11.B　12.B　13.A　14.A　15.A　16.C　17.A　18.A　19.B　20.A　21.A　22.A　23.B　24.B　25.A　26.D　27.C　28.C　29.B　30.C

二、多项选择题

1.ABCD　2.ABCD　3.ABCD　4.ABC　5.BC　6.ACD　7.ABCD　8.CD　9.ABC　10.ABCD　11.ABC　12.ABCD　13.ABCD　14.BCD　15.BCD　16.ABCD　17.BCD　18.ABD　19.ABCD　20.ABCD　21.CD　22.ABCD　23.ABCD　24.BCDE　25.ABCD　26.AC　27.ABDEF　28.CD　29.BD　30.ABC　31.ABCD　32.ABCD　33.ABCD　34.ABCD　35.ABCD

三、判断题

1.×　2.×　3.√　4.√　5.×　6.√　7.×　8.√　9.√　10.√　11.×　12.√　13.√　14.×　15.×　16.√　17.×　18.×　19.√　20.√　21.×　22.×　23.×　24.√　25.×　26.×　27.×　28.×　29.√　30.√　31.×　32.√　33.×　34.√　35.×　36.√　37.√　38.√　39.√　40.√　41.√　42.√　43.×　44.√　45.√

四、简答题

略

五、实务题

1.（1）进项税额=306 000元

（2）销项税额=（93 600+23 400）÷（1+17%）×17%=17 000（元）

进项税额=3 400元

（3）进项税额=50 000×（1+10%）×17%=9 350（元）

（4）销项税额=45 000×17%=7 650（元）

（5）销项税额=46 800÷（1+17%）×17%=6 800（元）

（6）销项税额=14 000×（1+10%）×17%=2 618（元）

（7）销项税额=459 000元

进项税额合计=306 000+3 400+9 350=318 750（元）

销项税额合计=17 000+7 650+6 800+2 618+459 000=493 068（元）

当期应纳税额=493 068−318 750=174 318（元）

会计分录略。

2.（1）进项税额=（300 000×11%+30 000×11%）×60%=21 780（元）

销项税额=350 300÷（1+17%）×17%=50 898.29（元）

（2）销项税额=35 100 000÷（1+17%）×17%=5 100 000（元）

（3）销项税额=200×2 340÷（1+17%）×17%=68 000（元）

（4）销项税额=10×11 700÷（1+17%）×17%=17 000（元）

（5）不确认销售。

（6）进项税额转出=5 000×2×17%=1 700（元）

进项税额合计=21780（元）

进项税额转出=1 700（元）

销项税额合计=50 898.29+5 100 000+68 000+17 000=5 235 898.29（元）

当期应纳税额=5 235 898.29−（21780−1 700）=5 215 818.29（元）

会计分录略。

3.9月份增值税的计算：

进项税额=34 000元

销项税额=35 100÷（1+17%）×17%+23 400÷（1+17%）×17%=8 500（元）

应纳增值税=8 500−34 000=−25 500（元）

所以9月份不需要缴纳增值税。

10月份增值税的计算：

进项税额=51 000元

销项税额=1 000 000×17% =170 000（元）

进项税额转出=40 000 ×17%=6 800 （元）

应纳增值税=170 000−（51 000−6 800）−25 500=100 300（元）

11月份增值税的计算：

进项税额=17 000元

销项税额=800 000×17%+58 500÷（1+17%）×17%=144 500（元）

应纳增值税=144 500−17 000=127 500（元）

会计分录略。

4.销项税额=2 220 000÷（1+11%）×11%=220 000（元）

进项税额=（300 000+400 000）×17%+800 000×11%=119 000+88 000=207 000（元）

当期应纳增值税税额=220 000−207 000=13 000（元）

会计分录略。

5.（1）销项税额=60 000元

（2）销项税额=110 000元

（3）进项税额=34 000元

（4）进项税额=17 000元

当期应纳税额=（60 000+110 000）−（34 000+17 000）=119 000（元）

会计分录略。

6.甲公司销售额=（200+3）÷（1+11%）×11%+12÷（1+17%）×17%=21.86（万元）

7.应纳税额=111÷（1+11%）×11%−10×17%−20×17%−40×11%

=11−1.7−3.4−4.4=1.5（万元）

8.应纳税额=（3 200+2 300）÷（1+3%）×3%+12 300×3%=529.19（元）

会计分录略。

9.进口环节应纳的增值税：

组成计税价格=4 000×200×（1+60%）=1 280 000（元）

进口环节应纳税额=1 280 000×17%=217 600（元）

销售环节应纳的增值税=10 000×200×17%−217 600 =340 000−217 600 = 122 400（元）

会计分录略。

10.销项税额=110 000元

进项税额=85 000元

应纳税额=110 000−85 000= 25 000（元）

11.销项税额=10 000×11%=1 100（万元）

进项税额=1 020万元

应纳税额=1 100−1 020=80（万元）

12.进项税额=95 200+220+260+1 360+30=97 070（元）

销项税额=1 196 000×17%+4 000×17%=204 000（元）

应纳增值税=204 000−97 070=106 930（元）

13.销项税额=20 000×11%+40 000×17%=9 000（元）

应纳税额=9 000−5 000=4 000（元）

14.当期销售货物应纳的增值税=200×17%−（150+20）×17%=5.1（万元）

当期提供技术服务应纳的增值税=20×6%−0.8=0.4（万元）

15.销项税额=116.55÷（1+11%）×11%+12.72÷（1+6%）×6%+70.2÷（1+17%）×17%

=22.47（万元）

应纳税额=22.47−5.1−4.25−5.92−2.34=4.86（万元）

16.销项税额=（187.20+128.70）÷（1+17%）×17%+111÷（1+11%）×11%=56.9（万元）

17.应纳税额=22+12−2.2=31.8（万元）

18.应纳税额=212÷（1+6%）×6%−1.3=10.7（万元）

19.销项税额=90 000÷（1+11%）×11%+10 000÷（1+6%）×6%

=8 918.92+566.04=9 484.96（元）

进项税额=80 000÷（1+11%）×11%=7 927.93（元）

应纳税额=9 484.96−7 927.93=1 557.03（元）

20.2016年5月已抵扣进项税额66万元，待抵扣进项税额44万元。

不得抵扣进项税额=1 100 000×80%=880 000（元）

88万元大于已抵扣的进项税额66万元。

按照政策规定，这时应将已抵扣的66万元进项税额转出，并在待抵扣进项税额中扣减。

不得抵扣进项税额与已抵扣进项税额的差额=880 000−660 000=220 000（万元）

余额22万元（44−22）在2017年5月允许抵扣。

21.不动产净值率=［2 220−2 220÷（10×12）×12］÷2 220×100%=90%

可抵扣进项税额=110×90%=99（万元）

该楼本期应抵扣进项税额=99×60%=59.4（万元）

22.纳税人在北京乙区地税机关应预缴税款=（1 000−700）÷（1+5%）×5%=14.29（万元）

纳税人向北京市甲区主管国税机关申报纳税时：

应纳税款=（1 000−700）÷（1+5%）×5%+70−14.29=70（万元）

纳税人向北京市甲区国税局申报纳税时：

应纳税款=1 000÷（1+5%）×5%+70-1 000÷（1+5%）×5%=70（万元）

23.纳税人转让的不动产为2014年外购的房产，可以选择简易计税方法。

应纳税额=（1000-700）÷（1+5%）×5%=14.29（万元）

24.应纳税额=（100-80）÷（1+5%）×5%=0.95（万元）

张三应在不动产所在地（海南）就该笔税款向海南地税部门申报纳税。

25.三种方案的销项税额=20 000×11%=2 200（元）

方案一：

进项税额=12 000÷1.17 ×17%=1 743.59（元）

应纳税额=2 200-1743.59=456.42（元）

方案二：

进项税额=11 000÷1.03×3%=320.39（元）

应纳税额=2 200-320.39=1 879.62（元）

方案三：

进项税额=0

应纳税额=2 200-0=2 200（元）

26.（1）销项税额=10 000×17%=1 700（万元）

应纳税额=1 700-1 020=680（万元）

（2）销项税额=8 000×17%+2 000×11%=1 580（万元）

应纳税额=1 580-1 020=560（万元）

27.（1）销项税额=25 000×17%=4 250（万元）

增值税应纳税额=4 250-2 975=1 275（万元）

（2）风电设备增值税销项税额=24 000×17%=4 080（万元）

运费服务的增值税销项税额=1 000×11%=110（万元）

两个公司增值税应纳税额=4 080+110-2 975=1215（万元）

六、账务处理题

1.相关会计处理如下：

（1）该增值税专用发票已于取得当月查询确认，会计处理为：

借：固定资产——××施工设备	80 000	
应交税费——应交增值税（进项税额）	13 600	
贷：银行存款		93 600

（2）同时作进项税额转出处理：

借：固定资产——××施工设备	13 600	
贷：应交税费——应交增值税（进项税额转出）		136 00

2.进项税额转出额=（60 000-12 000）×17%=8 160（元）

借：固定资产——福利部门用固定资产	56 160	
累计折旧	12 000	
贷：固定资产——生产经营用固定资产		60 000
应交税费——应交增值税（进项税额转出）		8 160

3.该公司2016年12月份可抵扣进项税额：220×60%=132（万元）

待抵扣进项税额：220×40%=88（万元），于次年12月份抵扣。固定资产原值（计税基础）为2 000万元。

增值税专用发票已于取得当月通过认证或查询确认，会计处理为：

借：固定资产 20 000 000

应交税费——应交增值税（进项税额） 1 320 000

——待抵扣进项税额 880 000

贷：银行存款 22 200 000

2017年12月份会计处理为：

借：应交税费——应交增值税（进项税额） 880 000

贷：应交税费——待抵扣进项税额 880 000

4.相关会计处理如下：

新建不动产领用材料时，会计处理为：

借：在建工程——××新建不动产 2 000 000

贷：原材料——××材料 2 000 000

同时，将领用材料已抵扣的进项税额的40%计入待抵扣进项税额：

200×17%×40%=13.6（万元）

借：应交税费——待抵扣进项税额 136 000

贷：应交税费——应交增值税（进项税额转出） 136 000

2018年1月份：

借：应交税费——应交增值税（进项税额） 136 000

贷：应交税费——待抵扣进项税额 136 000

5.相关会计处理如下：

借：固定资产——福利部门用固定资产 5 020

贷：库存商品——×型号冰柜 4 000

应交税费——应交增值税（销项税额） 1 020

6.相关会计处理如下：

借：应付职工薪酬——非货币性福利 58 500

贷：主营业务收入 50 000

应交税费——应交增值税（销项税额） 8 500

7.会计处理如下：

借：营业外支出——公益性捐赠支出 1 840 000

贷：库存商品 1 500 000

应交税费——应交增值税（销项税额） 340 000

8.相关会计处理如下：

（1）公司1月份收取租金时：

借：银行存款 280 800

贷：应收账款（或预收账款）——乙公司 280 800

预收租金时发生纳税义务，销项税额=280 800÷（1+17%）×17%=40 800（元）。

借：应收账款（或预收账款）——乙公司 40 800

贷：应交税费——应交增值税（销项税额） 40 800

（2）公司1—12月份，每月结转租金收入=（280 800−40 800）÷12=20 000（元）

借：应收账款（或预收账款）——乙公司 20 000

贷：其他业务收入——租金收入 20 000

9.相关会计处理如下：

（1）公司每年1月份收取租金时：

借：银行存款 123 600

贷：应收账款（或预收账款）——乙公司 123 600

预收租金时发生纳税义务，应纳增值税额=123 600÷（1+3%）×3%=3 600（元）。

借：应收账款（或预收账款）——乙公司 3 600

贷：应交税费——简易计税 3 600

（2）甲公司1—12月份，每月结转租金收入=（123 600−3 600）÷12=10 000（元）。

借：应收账款（或预收账款）——乙公司 10 000

贷：其他业务收入——租金收入 10 000

全年共结转租金收入12万元。

10.相关会计处理如下：

甲公司会计处理：

（1）每年1月份收取租金时：

借：银行存款 1 260 000

贷：应收账款（或预收账款）——乙公司 1 260 000

预收租金时发生纳税义务，应纳增值税额：1 260 000÷（1+5%）×5%=60 000（元）。

借：应收账款（或预收账款）——乙公司 60 000

贷：应交税费——简易计税 60 000

（2）1—12月份，每月结转租金收入=（1 260 000−60 000）÷12=100 000（元）。

借：应收账款（或预收账款）——乙公司 100 000

贷：其他业务收入——租金收入 100 000

全年共结转租金收入120万元。

税款预缴与申报：

（1）在取得租金的次月纳税申报期或房屋所在地主管国税机关核定的纳税期限预缴税款。预缴税款时，填写增值税预缴税款表。预缴税款后，取得完税凭证。

应预缴税款=126 0000÷（1+5%）×5%=60 000（元）

甲公司预缴税款时，会计处理如下：

借：应交税费——简易计税 60 000

贷：银行存款 60 000

（2）在取得租金的次月纳税申报期或机构所在地主管国税机关核定的纳税期限，办理纳税申报。

申报简易计税销售额120万元，应纳税额6万元，预缴税额6万元。凭完税凭证，将预缴税款从本公司当期增值税应纳税额中抵减，抵减不完的，结转下期继续抵减。

11.相关会计处理如下：

甲公司会计处理：

（1）每年1月份收取租金时：

借：银行存款　1 332 000

　贷：应收账款（或预收账款）——乙公司　1 332 000

预收租金时发生纳税义务，销项税额=1 332 000÷（1+11%）×11%=132 000（元）。

借：应收账款（或预收账款）——乙公司　132 000

　贷：应交税费——应交增值税（销项税额）　132 000

（2）1—12月份，每月结转租金收入=（1 332 000−132 000）÷12=100 000（元）。

借：应收账款（或预收账款）——乙公司　100 000

　贷：其他业务收入——租金收入　100 000

全年共结转租金收入120万元。

税款预缴与申报：

（1）在取得租金的次月纳税申报期或房屋所在地主管国税机关核定的纳税期限预缴税款。预缴税款时，填写增值税预缴税款表。预缴税款后，取得完税凭证。

应预缴税款=1 332 000÷（1+11%）×3%=36 000（元）

甲公司预缴税款时，会计处理如下：

借：应交税费——预交增值税　36 000

　贷：银行存款　36 000

月末，将“应交税费——预交增值税”科目余额转入“应交税费——未交增值税”科目：

借：应交税费——未交增值税　36 000

　贷：应交税费——预交增值税　36 000

（2）在取得租金的次月纳税申报期或机构所在地主管国税机关核定的纳税期限，办理纳税申报。

申报计税销售额120万元，销项税额13.20万元，预缴税额3.60万元。凭完税凭证，将预缴税款从本公司当期增值税应纳税额中抵减，抵减不完的，结转下期继续抵减。

12.增值税会计处理如下：

（1）10月份，应交增值税=106 000÷（1+6%）×6%=6000（元）。

借：投资收益　6 000

　贷：应交税费——转让金融商品应交增值税　6 000

缴纳增值税额时：

借：应交税费——转让金融商品应交增值税　6 000

　贷：银行存款　6 000

（2）11月份，因金融商品卖出价减去买入价的差额为负数，故无须缴纳增值税。但其税额可结转下一纳税期与下期税额相抵。

可结转下期相抵的增值税额=212 000÷（1+6%）×6%=12 000（元）

借：应交税费——转让金融商品应交增值税　12 000

　贷：投资收益　12 000

（3）12月份，计提转让金融商品应交增值税额=159 000÷（1+6%）×6%=9 000（元）。

借：投资收益 9 000

贷：应交税费——转让金融商品应交增值税 9 000

12月末，与11月份结转税额相抵后，“应交税费——转让金融商品应交增值税”科目借方余额3 000元（12 000−9 000），故12月份转让金融商品，无须缴纳增值税。但是，尚未相抵完的税额3 000元，不得转入下一会计年度相抵，应予冲销。

借：投资收益 3 000

贷：应交税费——转让金融商品应交增值税 3 000

七、综合实训题

实训一 一般纳税人增值税纳税申报表的填报

1.该企业7月份增值税计算如下：

（1）进项税额=85 000+2 000×11%=85 220（元）

（2）进项税额=100 000×11%=11 000（元）

（3）进项税额=17 000+20 400=37 400（元）

（4）进项税额=360元

（5）进项税额=340元

（6）不能抵扣进项税额。

（7）销项税额=100×10 000×（1−10%）×17%=153 000（元）

（8）销项税额=17 550÷（1+17%）×17%=2 550（元）

（9）销项税额=34 000元

（10）销项税额=800×17%=136（元）

（11）进项税额转出=1 000×17%=170（元）

（12）销项税额=20 000×（1+10%）×17%=3 740（元）

（13）销项税额=30 000×17%=5 100（元）

（14）销项税额=−3 400元

（15）进项税额转出=3 000×17%=510（元）

进项税额=85 220+11 000+37 400+360+340=134 320（元）

进项税额转出=170+510=680（元）

销项税额=153 000+2 550+34 000+136+3 740+5 100−3 400=195 126（元）

当期应纳税额=195 126−（134 320−680）−3 800=57 686（元）

2.会计分录略。

3.编制增值税纳税申报表主表及其附表（见表1-17至表1-22）。

表1-17

增值税纳税申报表

（一般纳税人适用）

根据国家税收法律法规及增值税相关规定制定本表。纳税人不论有无销售额，均应按税务机关核定的纳税期限填写本表，并向当地税务机关申报。

税款所属时间：自2017年7月1日至2017年7月31日

填表日期：2017年8月5日　　　　金额单位：元至角分

纳税人识别号	1 3 0 2 0 3 0 0 0 0 2 0 0 0 0 0 0 8	所属行业：			
纳税人名称	唐山厦华股份有限责任公司（公章）	法定代表人姓名		注册地址		生产经营地址	
开户银行及账号		登记注册类型		电话号码	

项目		栏次	一般项目		即征即退项目	
			本月数	本年累计	本月数	本年累计
销售额	（一）按适用税率计税销售额	1	1 147 800.00			
	其中：应税货物销售额	2	1 147 800.00			
	应税劳务销售额	3				
	纳税检查调整的销售额	4				
	（二）按简易办法计税销售额	5	60 000.00			
	其中：纳税检查调整的销售额	6				
	（三）免、抵、退办法出口销售额	7			—	—
	（四）免税销售额	8			—	—
	其中：免税货物销售额	9			—	—
	免税劳务销售额	10			—	—
税款计算	销项税额	11	195 126.00			
	进项税额	12	134 320.00			
	上期留抵税额	13	3 800.00			—
	进项税额转出	14	680.00			
	免、抵、退应退税额	15			—	—
	按适用税率计算的纳税检查应补缴税额	16			—	—
	应抵扣税额合计	17=12+13-14-15+16	137 440.00	—		—
	实际抵扣税额	18（如17<11，则为17，否则为11）	137 440.00			
	应纳税额	19=11-18	57 686.00			
	期末留抵税额	20=17-18	0.00			—
	简易计税办法计算的应纳税额	21				
	按简易计税办法计算的纳税检查应补缴税额	22			—	—
	应纳税额减征额	23				
	应纳税额合计	24=19+21-23	57 686.00			

续表

项目		栏次	一般项目		即征即退项目	
			本月数	本年累计	本月数	本年累计
税款缴纳	期初未缴税额（多缴为负数）	25	0			
	实收出口开具专用缴款书退税额	26			—	—
	本期已缴税额	27=28＋29＋30+31				
	①分次预缴税额	28		—		—
	②出口开具专用缴款书预缴税额	29		—	—	—
	③本期缴纳上期应纳税额	30				
	④本期缴纳欠缴税额	31				
	期末未缴税额（多缴为负数）	32=24＋25＋26−27	57 686.00			
	其中：欠缴税额（≥0）	33=25 ＋ 26−27		—		—
	本期应补（退）税额	34=24− 28−29	57 686.00	—		—
	即征即退实际退税额	35	—	—		
	期初未缴查补税额	36			—	—
	本期入库查补税额	37			—	—
	期末未缴查补税额	38=16＋22＋36−37			—	—

授权声明		申报人声明	
	如果你已委托代理人申报，请填写下列资料： 为代理一切税务事宜，现授权 （地址） 为本纳税人的代理申报人，任何与本申报表有关的往来文件，都可寄予此人。 授权人签字：		本纳税申报表是根据国家税收法律法规及相关规定填报的，我确定它是真实的、可靠的、完整的。 声明人签字：

主管税务机关： 接收人： 接收日期：

表1-18

增值税纳税申报表附列资料（一）

（本期销售情况明细）

税款所属时间：2017年7月1日至2017年7月31日

纳税人名称：（公章）唐山厦华股份有限责任公司　　金额单位：元至角分

项目及栏次				开具增值税专用发票		开具其他发票		未开具发票		纳税检查调整		合计			服务、不动产和无形资产扣除项目本期实际扣除金额	扣除后	
				销售额	销项（应纳）税额	销售额	销项（应纳）税额	销售额	销项（应纳）税额	销售额	销项（应纳）税额	销售额	销项（应纳）税额	价税合计		含税（免税）销售额	销项（应纳）税额
				1	2	3	4	5	6	7	8	9=1+3+5+7	10=2+4+6+8	11=9+10	12	13=11−12	14=13÷（100%+税率或征收率）×税率或征收率
一、一般计税方法计税	全部征税项目	17%税率的货物及加工修理修配劳务	1	110 200.00	187 340.00	15 000.00	2 550.00	30 800.00	5 236.00			156 000.00	195 126.00	—	—	—	—
		17%税率的服务、不动产和无形资产	2														
		13%税率*	3											—	—	—	—
		11%税率	4														
		6%税率	5														
	其中：即征即退项目	即征即退货物及加工修理修配劳务	6	—	—	—	—	—	—	—	—			—	—	—	—
		即征即退服务、不动产和无形资产	7	—	—	—	—	—	—	—	—						
二、简易计税方法计税	全部征税项目	6%征收率	8							—	—			—	—	—	—
		5%征收率的货物及加工修理修配劳务	9a							—	—			—	—	—	—
		5%征收率的服务、不动产和无形资产	9b							—	—						
		4%征收率	10							—	—			—	—	—	—
		3%征收率的货物及加工修理修配劳务	11							—	—			—	—	—	—
		3%征收率的服务、不动产和无形资产	12							—	—						
		预征率%	13a							—	—						
		预征率%	13b							—	—						
		预征率%	13c							—	—						
	其中：即征即退项目	即征即退货物及加工修理修配劳务	14	—	—	—	—	—	—	—	—			—	—	—	—
		即征即退服务、不动产和无形资产	15	—	—	—	—	—	—	—	—						
三、免抵退税	货物及加工修理修配劳务		16	—	—		—		—	—	—		—	—	—	—	—
	服务、不动产和无形资产		17	—	—		—		—	—	—		—				—
四、免税	货物及加工修理修配劳务		18				—		—	—	—		—	—	—	—	—
	服务、不动产和无形资产		19	—	—		—		—	—	—		—				—

*根据《关于简并增值税税率有关政策的通知》（财税〔2017〕37号），自2017年7月1日起，取消13%的增值税税率。

表1-19

增值税纳税申报表附列资料（二）

（本期进项税额明细）

税款所属时间：2017年7月1日至2017年7月31日

纳税人名称：（公章）唐山厦华股份有限责任公司　　　　金额单位：元至角分

一、申报抵扣的进项税额				
项　目	栏次	份数	金额	税额
（一）认证相符的增值税专用发票	1=2+3	5	730 000.00	123 320.00
其中：本期认证相符且本期申报抵扣	2	5	730 000.00	123 320.00
前期认证相符且本期申报抵扣	3			
（二）其他扣税凭证	4=5+6+7+8	1	10 000.00	11 000.00
其中：海关进口增值税专用缴款书	5			
农产品收购发票或者销售发票	6	1	10 000.00	11 000.00
代扣代缴税收缴款凭证	7		—	
其他	8			
（三）本期用于购建不动产的扣税凭证	9	—	—	—
（四）本期不动产允许抵扣进项税额	10	—	—	—
（五）外贸企业进项税额抵扣证明	11	—	—	
当期申报抵扣进项税额合计	12=1＋4－9＋10+11		740 000.00	134 320.00

二、进项税额转出额		
项　目	栏次	税额
本期进项税额转出额	13=14至23之和	680.00
其中：免税项目用	14	
集体福利、个人消费	15	170.00
非正常损失	16	510.00
简易计税方法征税项目用	17	
免抵退税办法不得抵扣的进项税额	18	
纳税检查调减进项税额	19	
红字专用发票信息表注明的进项税额	20	
上期留抵税额抵减欠税	21	
上期留抵税额退税	22	
其他应作进项税额转出的情形	23	

三、待抵扣进项税额				
项　目	栏次	份数	金额	税额
（一）认证相符的增值税专用发票	24	—	—	—
期初已认证相符但未申报抵扣	25			
本期认证相符且本期未申报抵扣	26			
期末已认证相符但未申报抵扣	27			
其中：按照税法规定不允许抵扣	28			
（二）其他扣税凭证	29=30至33之和			
其中：海关进口增值税专用缴款书	30			
农产品收购发票或者销售发票	31			
代扣代缴税收缴款凭证	32		—	
其他	33			
	34			

四、其他				
项　目	栏次	份数	金额	税额
本期认证相符的增值税专用发票	35			
代扣代缴税额	36	—	—	

表1-20 **增值税纳税申报表附列资料（三）**

（服务、不动产和无形资产扣除项目明细）

税款所属时间：2017年7月1日至2017年7月31日

纳税人名称：（公章）唐山厦华股份有限责任公司 金额单位：元至角分

项目及栏次		本期服务、不动产和无形资产价税合计额（免税销售额）	服务、不动产和无形资产扣除项目				
			期初余额	本期发生额	本期应扣除金额	本期实际扣除金额	期末余额
		1	2	3	4=2+3	5（5≤1且5≤4）	6=4-5
17%税率的项目	1						
11%税率的项目	2			220.00	220.00	220.00	0.00
6%税率的项目（不含金融商品转让）	3						
6%税率的金融商品转让项目	4						
5%征收率的项目	5						
3%征收率的项目	6						
免抵退税的项目	7						
免税的项目	8						

表1-21 **固定资产（不含不动产）进项税额抵扣情况表**

纳税人名称：（公章）唐山厦华股份有限责任公司 填表日期：2017年8月5日 金额单位：元至角分

项 目	当期申报抵扣的固定资产进项税额	申报抵扣的固定资产进项税额累计
增值税专用发票	37 400.00	37 400.00
海关进口增值税专用缴款书		
合 计	37 400.00	37 400.00

表1-22 **本期抵扣进项税额结构明细表**

税款所属时间：2017年7月1日至2017年7月31日

纳税人名称：（公章）唐山厦华股份有限责任公司 金额单位：元至角分

项 目	栏次	金额	税额
合 计	1=2+4+5+10+13+15+17+18+19	830 000	134 320
17%税率的进项	2	502 000	85 340
其中：有形动产租赁的进项	3		
13%税率的进项*	4		
11%税率的进项	5	322 000	48 620
其中：货物运输服务的进项	6	2 000	220
建筑安装服务的进项	7		
不动产租赁服务的进项	8		
购入不动产的进项	9	220 000	37 400
6%税率的进项	10	6 000	360
其中：直接收费金融服务的进项	11		
财产保险的进项	12		
5%征收率的进项	13		
其中：购入不动产的进项	14		
3%征收率的进项	15		
其中：建筑安装服务的进项	16		
1.5%征收率的进项	17		
农产品核定扣除进项	18		
外贸企业进项税额抵扣证明注明的进项	19		
	20		
	21		

*根据《关于简并增值税税率有关政策的通知》（财税〔2017〕37号），自2017年7月1日起，取消13%的增值税税率。

实训二 小规模纳税人增值税纳税申报表的填报

（1）应纳增值税=41 200÷（1+3%）×3%=1 200（元）

（2）应纳增值税=6 180÷（1+3%）×3%=180（元）

（3）应纳增值税=600元

应纳增值税合计=1 200+180+600=1 980（元）

会计分录略。

编制的增值税纳税申报表（小规模纳税人适用）见表1-23。

表1-23 **增值税纳税申报表**

（小规模纳税人适用）

纳税人识别号：□□□□□□□□□□□□□□□□□□□□

纳税人名称（公章）： 金额单位：元至角分

税款所属期：2017年7月1日至2017年7月31日 填表日期：2017年8月5日

	项　目	栏次	本期数		本年累计	
			货物及劳务	服务、不动产和无形资产	货物及劳务	服务、不动产和无形资产
一、计税依据	（一）应征增值税不含税销售额（3%征收率）	1	46 000			
	税务机关代开的增值税专用发票不含税销售额	2	20 000			
	税控器具开具的普通发票不含税销售额	3				
	（二）应征增值税不含税销售额（5%征收率）	4	—		—	
	税务机关代开的增值税专用发票不含税销售额	5	—		—	
	税控器具开具的普通发票不含税销售额	6	—		—	
	（三）销售使用过的固定资产不含税销售额	7（7≥8）		—		—
	其中：税控器具开具的普通发票不含税销售额	8		—		—
	（四）免税销售额	9=10+11+12				
	其中：小微企业免税销售额	10				
	未达起征点销售额	11				
	其他免税销售额	12				
	（五）出口免税销售额	13（13≥14）				
	其中：税控器具开具的普通发票销售额	14				

续表

	项　目	栏次	本期数		本年累计	
			货物及劳务	服务、不动产和无形资产	货物及劳务	服务、不动产和无形资产
二、税款计算	本期应纳税额	15	56 000			
	本期应纳税额减征额	16				
	本期免税额	17				
	其中：小微企业免税额	18				
	未达起征点免税额	19				
	应纳税额合计	20=15-16	56 000			
	本期预缴税额	21			—	—
	本期应补（退）税额	22=20-21			—	—

纳税人或代理人声明：本纳税申报表是根据国家税收法律法规及相关规定填报的，我确定它是真实的、可靠的、完整的。	如纳税人填报，由纳税人填写以下各栏：	
	办税人员：	财务负责人：
	法定代表人：	联系电话：
	如委托代理人填报，由代理人填写以下各栏：	
	代理人名称（公章）：	经办人：
		联系电话：

主管税务机关：　　　　接收人：　　　　接收日期：

实训三　“营改增”一般纳税人留抵税款抵扣的填列

第一步：计算出当期一般计税方法的应纳税额。

应纳税额= 500 000-300 000=200 000（元）

第二步：计算出当期一般货物及劳务销项税额比例。

一般货物及劳务销项税额比例= 200 000÷500 000×100％=40%

第三步：计算出当期一般计税方法的一般货物及劳务应纳税额。

一般计税方法的一般货物及劳务应纳税额=200 000×40%=80 000（元）

第四步：将“货物和劳务挂账留抵税额本期期初余额”与“一般计税方法的一般货物及劳务应纳税额”两个数据相比较，取二者中小的数据。

80 000元<100 000元

本年累计实际抵扣税额=80 000元

应纳税额=500 000-300 000-80 000=120 000（元）

本年累计期末留抵税额=100 000-80 000=20 000（元）

这20 000元是期末尚未抵扣完的挂账留抵税额，可以结转至下期继续在货物及劳务的销项税额中抵扣。编制的增值税纳税申报表（一般纳税人适用）见表1-24，增值税纳税申报表附列资料（一）（本期销售情况明细）见表1-25。

表1-24 **增值税纳税申报表**

（一般纳税人适用）

根据国家税收法律法规及增值税相关规定制定本表。纳税人不论有无销售额，均应按税务机关核定的纳税期限填写本表，并向当地税务机关申报。

税款所属时间：自2016年5月1日至2016年5月31日

填表日期：2016年6月5日　　　　金额单位：元至角分

纳税人识别号				所属行业：		
纳税人名称	（公章）	法定代表人姓名		注册地址		生产经营地址
开户银行及账号		登记注册类型			电话号码	

项目		栏次	一般项目		即征即退项目	
			本月数	本年累计	本月数	本年累计
销售额	（一）按适用税率计税销售额	1				
	其中：应税货物销售额	2				
	应税劳务销售额	3				
	纳税检查调整的销售额	4				
	（二）按简易办法计税销售额	5				
	其中：纳税检查调整的销售额	6				
	（三）免、抵、退办法出口销售额	7			—	—
	（四）免税销售额	8			—	—
	其中：免税货物销售额	9			—	—
	免税劳务销售额	10			—	—
税款计算	销项税额	11	500 000			
	进项税额	12	300 000			
	上期留抵税额	13		100 000		—
	进项税额转出	14				
	免、抵、退应退税额	15			—	—
	按适用税率计算的纳税检查应补缴税额	16			—	—
	应抵扣税额合计	17=12+13-14-15+16	300 000	—		—
	实际抵扣税额	18（如17<11，则为17，否则为11）	300 000	80 000		
	应纳税额	19=11-18	120 000			
	期末留抵税额	20=17-18		20 000		—
	简易计税办法计算的应纳税额	21				
	按简易计税办法计算的纳税检查应补缴税额	22			—	—
	应纳税额减征额	23				
	应纳税额合计	24=19+21-23				

续表

项目		栏次	一般项目		即征即退项目	
			本月数	本年累计	本月数	本年累计
税款缴纳	期初未缴税额（多缴为负数）	25				
	实收出口开具专用缴款书退税额	26			—	—
	本期已缴税额	27=28+29+30+31				
	①分次预缴税额	28		—		—
	②出口开具专用缴款书预缴税额	29		—	—	—
	③本期缴纳上期应纳税额	30				
	④本期缴纳欠缴税额	31				
	期末未缴税额（多缴为负数）	32=24+25+26−27				
	其中：欠缴税额（≥0）	33=25+26−27		—		—
	本期应补（退）税额	34=24−28−29		—		—
	即征即退实际退税额	35	—	—		
	期初未缴查补税额	36			—	—
	本期入库查补税额	37			—	—
	期末未缴查补税额	38=16+22+36−37			—	—

授权声明		申报人声明	
授权声明	如果你已委托代理人申报，请填写下列资料： 为代理一切税务事宜，现授权 （地址） 为本纳税人的代理申报人，任何与本申报表有关的往来文件，都可寄予此人。 授权人签字：	申报人声明	本纳税申报表是根据国家税收法律法规及相关规定填报的，我确定它是真实的、可靠的、完整的。 声明人签字：

主管税务机关： 接收人： 接收日期：

表1-25　**增值税纳税申报表附列资料（一）**

（本期销售情况明细）　金额单位：元至角分

项目及栏次		开具增值税专用发票		开具其他发票		未开具发票		纳税检查调整		合计		
		销售额	销项（应纳）税额	销售额	销项（应纳）税额	销售额	销项（应纳）税额	销售额	销项（应纳）税额	销售额	销项（应纳）税额	价税合计
		1	2	3	4	5	6	7	8	9=1+3+5+7	10=2+4+6+8	11=9+10
17%税率的货物及加工修理修配劳务	1										200 000	—
17%税率的服务、不动产和无形资产	2											
13%税率*	3											—
11%税率	4										300 000	
6%税率	5											
即征即退货物及加工修理修配劳务	6	—	—	—	—	—	—	—	—			—
即征即退服务、不动产和无形资产	7	—	—	—	—	—	—	—	—			

*根据《关于简并增值税税率有关政策的通知》（财税〔2017〕37号），自2017年7月1日起，取消13%的增值税税率。

实训四　一般纳税人原来不允许抵扣的不动产发生用途变化，用于允许抵扣项目的填列

该项不动产的净值率=［1 000−1 000÷（10×12）×12］÷1 000=90%

可抵扣进项税额=增值税扣税凭证注明或计算的进项税额×不动产净值率=110×90%=99（万元）

按照政策规定，该99万元进项税额中的60%于改变用途的次月抵扣，剩余的40%于改变用途的次月起，第13个月抵扣。在2017年7月（税款所属期）能够抵扣59.4万元（99×60%）。

编制的增值税纳税申报表附列资料（二）（本期进项税额明细）见表1-26。

表1-26

增值税纳税申报表附列资料（二）

（本期进项税额明细）

税款所属时间：2017年7月1日至2017年7月31日

纳税人名称：（公章） 金额单位：元至角分

一、申报抵扣的进项税额				
项 目	栏次	份数	金额	税额
（一）认证相符的增值税专用发票	1=2+3			
其中：本期认证相符且本期申报抵扣	2			
前期认证相符且本期申报抵扣	3			
（二）其他扣税凭证	4=5+6+7+8			990 000
其中：海关进口增值税专用缴款书	5			
农产品收购发票或者销售发票	6			
代扣代缴税收缴款凭证	7		—	
其他	8			990 000
（三）本期用于购建不动产的扣税凭证	9			99 0000
（四）本期不动产允许抵扣进项税额	10	—	—	594 000
（五）外贸企业进项税额抵扣证明	11	—	—	
当期申报抵扣进项税额合计	12=1+4-9+10+11			594 000
⋮				

实训五 “营改增”一般纳税人本期用于购建不动产项目的填列

根据不动产抵扣相关规定，110万元进项税额中的60%将在本期（2017年5月）抵扣，剩余的40%于取得扣税凭证的当月起第13个月（2018年5月）抵扣。

编制的增值税纳税申报表附列资料（二）（本期进项税额明细）见表1-27。

表1-27

增值税纳税申报表附列资料（二）

（本期进项税额明细）

税款所属时间：2017年5月1日至2017年5月31日

纳税人名称：（公章） 金额单位：元至角分

一、申报抵扣的进项税额				
项 目	栏次	份数	金额	税额
（一）认证相符的增值税专用发票	1=2+3		10 000 000	1 100 000
其中：本期认证相符且本期申报抵扣	2		10 000 000	1 100 000
前期认证相符且本期申报抵扣	3			
（二）其他扣税凭证	4=5+6+7+8			
其中：海关进口增值税专用缴款书	5			
农产品收购发票或者销售发票	6			
代扣代缴税收缴款凭证	7		—	
其他	8			
（三）本期用于购建不动产的扣税凭证	9		10 000 000	1 100 000
（四）本期不动产允许抵扣进项税额	10	—	—	660 000

续表

项　目	栏次	份数	金额	税额
（五）外贸企业进项税额抵扣证明	11	—	—	
当期申报抵扣进项税额合计	12=1+4−9+10+11			660 000
二、进项税额转出额				
项　目	栏次	税额		
本期进项税额转出额	13=14至23之和			
其中：免税项目用	14			
集体福利、个人消费	15			
非正常损失	16			
简易计税方法征税项目用	17			
免抵退税办法不得抵扣的进项税额	18			
纳税检查调减进项税额	19			
红字专用发票信息表注明的进项税额	20			
上期留抵税额抵减欠税	21			
上期留抵税额退税	22			
其他应作进项税额转出的情形	23			
三、待抵扣进项税额				
项　目	栏次	份数	金额	税额
（一）认证相符的增值税专用发票	24	—	—	—
期初已认证相符但未申报抵扣	25			
本期认证相符且本期未申报抵扣	26			
期末已认证相符但未申报抵扣	27			
其中：按照税法规定不允许抵扣	28			
（二）其他扣税凭证	29=30至33之和			
其中：海关进口增值税专用缴款书	30			
农产品收购发票或者销售发票	31			
代扣代缴税收缴款凭证	32		—	
其他	33			
	34			
四、其他				
项　目	栏次	份数	金额	税额
本期认证相符的增值税专用发票	35			
代扣代缴税额	36	—	—	

实训六 “营改增”一般纳税人其他应作进项税额转出的情形的填列

按照政策规定，该30万元进项税额在购进的当期可全额抵扣，在后期用于不动产在建工程时，该30万元进项税额中的40%应于改变用途的当期，作进项税额转出处理，并于领用当月起第13个月，再重新抵扣。

当期应转出的进项税额=30×40%=12（万元）

编制的增值税纳税申报表附列资料（二）（本期进项税额明细）见表1-28。

表1-28 增值税纳税申报表附列资料（二）

（本期进项税额明细）

税款所属时间：2017年11月1日至2017年11月30日

纳税人名称：（公章） 金额单位：元至角分

一、申报抵扣的进项税额				
项　目	栏次	份数	金额	税额
（一）认证相符的增值税专用发票	1=2+3			
其中：本期认证相符且本期申报抵扣	2			
前期认证相符且本期申报抵扣	3			
（二）其他扣税凭证	4=5+6+7+8			
其中：海关进口增值税专用缴款书	5			
农产品收购发票或者销售发票	6			
代扣代缴税收缴款凭证	7		—	
其他	8			
（三）本期用于购建不动产的扣税凭证	9			
（四）本期不动产允许抵扣进项税额	10	—	—	
（五）外贸企业进项税额抵扣证明	11	—	—	
当期申报抵扣进项税额合计	12=1+4-9+10+11			

二、进项税额转出额		
项　目	栏次	税额
本期进项税额转出额	13=14至23之和	120 000
其中：免税项目用	14	
集体福利、个人消费	15	
非正常损失	16	
简易计税方法征税项目用	17	

续表

二、进项税额转出额				
项　目	栏次	税额		
免抵退税办法不得抵扣的进项税额	18			
纳税检查调减进项税额	19			
红字专用发票信息表注明的进项税额	20			
上期留抵税额抵减欠税	21			
上期留抵税额退税	22			
其他应作进项税额转出的情形	23	120 000		
三、待抵扣进项税额				
项　目	栏次	份数	金额	税额
（一）认证相符的增值税专用发票	24	—	—	—
期初已认证相符但未申报抵扣	25			
本期认证相符且本期未申报抵扣	26			
期末已认证相符但未申报抵扣	27			
其中：按照税法规定不允许抵扣	28			
（二）其他扣税凭证	29=30至33之和			
其中：海关进口增值税专用缴款书	30			
农产品收购发票或者销售发票	31			
代扣代缴税收缴款凭证	32		—	
其他	33			
	34			
四、其他				
项　目	栏次	份数	金额	税额
本期认证相符的增值税专用发票	35			
代扣代缴税额	36	—	—	

实训七　“营改增”一般纳税人发生服务、不动产和无形资产扣除项目的填列

按照政策规定：金融商品转让，按照卖出价扣除买入价后的余额为销售额。转让金融商品出现的正负差，按盈亏相抵后的余额为销售额。若相抵后出现负差，可结转下一纳税期与下期转让金融商品销售额相抵，但年末时仍出现负差的，不得转入下一个会计年度。

编制的2016年12月、2017年1月的增值税纳税申报表附列资料（三）（服务、不动产和无形资产扣除项目明细）分别见表1-29、表1-30。

表1-29 **增值税纳税申报表附列资料（三）**

（服务、不动产和无形资产扣除项目明细）

税款所属时间：2016年12月1日至2016年12月31日

纳税人名称：（公章） 金额单位：元至角分

项目及栏次		本期服务、不动产和无形资产价税合计额（免税销售额）	服务、不动产和无形资产扣除项目				
			期初余额	本期发生额	本期应扣除金额	本期实际扣除金额	期末余额
		1	2	3	4=2+3	5（5≤1且5≤4）	6=4-5
17%税率的项目	1						
11%税率的项目	2						
6%税率的项目（不含金融商品转让）	3						
6%税率的金融商品转让项目	4	2 000 000	0	2 100 000	2 100 000	2 000 000	100 000
5%征收率的项目	5						
3%征收率的项目	6						
免抵退税的项目	7						
免税的项目	8						

表1-30 **增值税纳税申报表附列资料（三）**

（服务、不动产和无形资产扣除项目明细）

税款所属时间：2017年1月1日至2017年1月31日

纳税人名称：（公章） 金额单位：元至角分

项目及栏次		本期服务、不动产和无形资产价税合计额（免税销售额）	服务、不动产和无形资产扣除项目				
			期初余额	本期发生额	本期应扣除金额	本期实际扣除金额	期末余额
		1	2	3	4=2+3	5（5≤1且5≤4）	6=4-5
17%税率的项目	1						
11%税率的项目	2						
6%税率的项目（不含金融商品转让）	3						
6%税率的金融商品转让项目	4	1 100 000	0	1 000 000	1 000 000	1 000 000	0
5%征收率的项目	5						
3%征收率的项目	6						
免抵退税的项目	7						
免税的项目	8						

实训八　“营改增”一般纳税人不动产分期抵扣的填列

根据不动产抵扣相关规定，110万元进项税额中的60%将在本期（2016年5月）抵扣，剩余的40%于取得扣税凭证的当月起第13个月（2017年5月）抵扣。编制的增值税纳税申报表附列资料（五）（不动产分期抵扣计算表）见表1-31。

表1-31　**增值税纳税申报表附列资料（五）**

（不动产分期抵扣计算表）

税款所属时间：2017年5月1日至2017年5月31日

纳税人名称：（公章）　金额单位：元至角分

期初待抵扣不动产进项税额	本期不动产进项税额增加额	本期可抵扣不动产进项税额	本期转入的待抵扣不动产进项税额	本期转出的待抵扣不动产进项税额	期末待抵扣不动产进项税额
1	2	3≤1+2+4	4	5≤1+4	6=1+2-3+4-5
	1 100 000	660 000			440 000

实训九　增值税小规模纳税人销售、出租不动产项目的填列

小规模纳税人销售其取得（不含自建）的不动产，应以取得的全部价款和价外费用减去该项不动产购置原价或者取得不动产时的作价后的余额为销售额，按照5%的征收率计算应纳税额。

该纳税人销售不动产的不含税销售额=（30.50-20）÷1.05=10（万元）

纳税人转让金融商品的，按照卖出价扣除买入价后的余额为销售额。

该纳税人卖出金融商品的不含税销售额=（11.03-10）÷1.03=1（万元）

增值税应纳税额=10×5%+1×3%=0.53（万元）

编制的增值税纳税申报表（小规模纳税人适用）见表1-32。

表1-32　**增值税纳税申报表**

（小规模纳税人适用）

纳税人识别号：□□□□□□□□□□□□□□□□□□□□

纳税人名称（公章）：　金额单位：元至角分

税款所属期：2017年7月1日至2017年7月31日　填表日期：　年　月　日

	项目	栏次	本期数		本年累计	
			货物及劳务	服务、不动产和无形资产	货物及劳务	服务、不动产和无形资产
一、计税依据	（一）应征增值税不含税销售额（3%征收率）	1		10 000		
	税务机关代开的增值税专用发票不含税销售额	2				
	税控器具开具的普通发票不含税销售额	3				
	（二）应征增值税不含税销售额（5%征收率）	4	—	100 000	—	

续表

	项目	栏次	本期数		本年累计	
			货物及劳务	服务、不动产和无形资产	货物及劳务	服务、不动产和无形资产
一、计税依据	税务机关代开的增值税专用发票不含税销售额	5	—		—	
	税控器具开具的普通发票不含税销售额	6	—		—	
	（三）销售使用过的固定资产不含税销售额	7（7≥8）		—		—
	其中：税控器具开具的普通发票不含税销售额	8		—		—
	（四）免税销售额	9=10+11+12				
	其中：小微企业免税销售额	10				
	未达起征点销售额	11				
	其他免税销售额	12				
	（五）出口免税销售额	13（13≥14）				
	其中：税控器具开具的普通发票销售额	14				
二、税款计算	本期应纳税额	15		5 300		
	本期应纳税额减征额	16				
	本期免税额	17				
	其中：小微企业免税额	18				
	未达起征点免税额	19				
	应纳税额合计	20=15−16		5 300		
	本期预缴税额	21			—	—
	本期应补（退）税额	22=20−21		5 300	—	—

纳税人或代理人声明：	如纳税人填报，由纳税人填写以下各栏：
本纳税申报表是根据国家税收法律法规及相关规定填报的，我确定它是真实的、可靠的、完整的。	办税人员： 财务负责人： 法定代表人： 联系电话：
	如委托代理人填报，由代理人填写以下各栏：
	代理人名称（公章）：经办人： 联系电话：

主管税务机关： 接收人： 接收日期：

项目二　消费税

一、单项选择题

1.A　2.D　3.A　4.C　5.A　6.D　7.A　8.C　9.A　10.A　11.A　12.A　13.C　14.D　15.A

二、多项选择题

1.ABC　2.ACD　3.AC　4.BC　5.ABD　6.ABCD　7.ABC　8.ABCD　9.ABCD　10.ABD　11.ABD　12.BCD　13.ABCD　14.ABCD　15.ABCD

三、判断题

1.×　2.√　3.×　4.×　5.×　6.√　7.×　8.×　9.√　10.√　11.√　12.√　13.×　14.√　15.×

四、简答题

略

五、实务题

1.5月份应纳消费税=400 000×15%+23 400÷（1+17%）×15%
=63 000（元）

2.50 000÷200=250（条）

50 000÷250=200（元）

200元>70元，该卷烟适用的比例税率为56%。

可扣烟丝消费税：117 000÷（1+17%）×30%=30 000（元）

8月份销售卷烟应纳的消费税=（50 000×10×56%+10×150）−30 000
=（280 000+1 500）−30 000
=251 500（元）

会计分录略。

3.应纳消费税=2 000×100×（1+5%）÷（1−15%）×15%
=37058.82（元）

应纳增值税=2 000×100×（1+5%）÷（1−15%）×17%
=42 000（元）

会计分录略。

4.（1）应纳消费税=50×240=12 000（元）

销项税额=50×4 680÷（1+17%）×17%=34 000（元）

（2）应纳消费税=40×240=9 600（元）

销项税额=180 000÷（1+17%）×17%=26 153.85（元）

（3）应纳消费税=5×240=1 200（元）

销项税额=40 000×17%=6 800（元）

该公司应纳的消费税=12 000+9 600+1 200=22 800（元）

会计分录略。

5.（1）进项税额=34 000元

（2）进项税额=13 600元

（3）烟丝应纳的消费税=（200 000+80 000）÷（1−30%）×30%=120 000（元）

销项税额=61 200元

（4）销项税额=5 000×200×17%=170 000（元）

卷烟应纳的消费税=（5 000×200×36%+200×150）−60 000

=390 000−60 000

=330 000（元）

受托方代收代缴的消费税=120 000元

会计分录略。

6.（1）进口高档化妆品应纳的消费税=（80 000+40 000）÷（1−15%）×15%=21176.47（元）

（2）委托加工的高档化妆品应纳的消费税=（100 000+60 000）÷（1−15%）×15%=28 235.29（元）

会计分录略。

六、综合实训题

（1）销项税额=3 200×2×17%=1 088（元）

应纳的消费税=250×2=500（元）

（2）销项税额=6 000×30×17%=30 600（元）

应纳的消费税=6 500×30×20%+30×2 000×0.5=69 000（元）

（3）销项税额=10 000×（1+5%）÷（1−15%）×17%=2 100（元）

应纳的消费税=10 000×（1+5%）÷（1−15%）×15%=1 852.94（元）

（4）销项税额=300 000×17%=51 000（元）

应纳的消费税=（300 000×36%+20×150）−81 900÷（1+17%）×30%

=111 000−21 000

=90 000（元）

（5）进项税额=6 000×6.2×（1+50%）÷（1−15%）×17%=11 160（元）

应纳的消费税=6 000×6.2×（1+50%）÷（1−15%）×15%=9847.06（元）

（6）代收代缴的消费税=（80 000+5 000+10 000）÷（1−15%）×15%

=16764.71（元）

进项税额=10 000×17%+8 000×11%=2 580（元）

销项税额=160 000×17%=27 200（元）

该公司应纳的增值税=（1 088+30 600+2 100+51 000+27 200）−（11 160+2 580）

=111 988−13740

=98248（元）

该公司应纳的消费税=500+69 000+1852.94+90 000+9847.06

=171200（元）

代收代缴的消费税=16 764.71元

编制的消费税纳税申报表分别见表2-4至表2-6。

表2-4　　**烟类应税消费品消费税纳税申报表**

税款所属期：2017年5月1日至2017年5月31日

纳税人名称（公章）：唐山盛华股份有限责任公司　纳税人识别号：1 3 0 2 0 3 3 8 5 6 2 4 9 0 0 0 × ×

填表日期：2017年6月5日　　单位：卷烟万支、雪茄烟支、烟丝千克；金额单位：元（列至角分）

<table>
<tr><td rowspan="2">项目
应税
消费品名称</td><td colspan="2">适用税率</td><td rowspan="2">销售数量</td><td rowspan="2">销售额</td><td rowspan="2">应纳税额</td></tr>
<tr><td>定额税率</td><td>比例税率</td></tr>
<tr><td>甲类卷烟</td><td></td><td></td><td></td><td></td><td></td></tr>
<tr><td>乙类卷烟</td><td>30元/万支</td><td>36%</td><td>100</td><td>300 000</td><td>111 000</td></tr>
<tr><td>雪茄烟</td><td></td><td></td><td></td><td></td><td></td></tr>
<tr><td>烟丝</td><td></td><td></td><td></td><td></td><td></td></tr>
<tr><td>合计</td><td>—</td><td>—</td><td>—</td><td>—</td><td>111 000</td></tr>
</table>

<table>
<tr><td>本期准予扣除税额：21 000</td><td rowspan="3">**声明**
此纳税申报表是根据国家税收法律的规定填报的，我确定它是真实的、可靠的、完整的。
经办人（签章）：
财务负责人（签章）：
联系电话：</td></tr>
<tr><td>本期减（免）税额：</td></tr>
<tr><td>期初未缴税额：</td></tr>
<tr><td>本期缴纳前期应纳税额：</td><td rowspan="4">（如果你已委托代理人申报，请填写）
授权声明
为代理一切税务事宜，现授权＿＿＿＿＿＿＿＿（地址）＿＿＿＿＿＿为本纳税人的代理申报人，任何与本申报表有关的往来文件，都可寄予此人。
授权人签章：</td></tr>
<tr><td>本期预缴税额：</td></tr>
<tr><td>本期应补（退）税额：90 000</td></tr>
<tr><td>期末未缴税额：</td></tr>
</table>

以下由税务机关填写

受理人（签章）：　　受理日期：　年　月　日　　受理税务机关（章）：

表2-5 **酒类应税消费品消费税纳税申报表**

税款所属期：2017年5月1日至2017年5月31日

纳税人名称（公章）： 纳税人识别号：1 3 0 2 0 7 7 8 5 6 2 4 9 0 0 0 × ×

填表日期：2017年6月5日 金额单位：元（列至角分）

项目 应税消费品名称	适用税率		销售数量	销售额	应纳税额
	定额税率	比例税率			
粮食白酒	0.5元/500克	20%	30 000千克	195 000	69 000
薯类白酒	0.5元/500克	20%			
啤酒	250元/吨	—	2		500
啤酒	220元/吨	—			
黄酒	240元/吨	—			
其他酒	—	10%			
合计	—	—	—	—	69 500

本期准予抵减税额：	**声明** 此纳税申报表是根据国家税收法律的规定填报的，我确定它是真实的、可靠的、完整的。 经办人（签章）： 财务负责人（签章）： 联系电话：
本期减（免）税额：	
期初未缴税额：	
本期缴纳前期应纳税额：	（如果你已委托代理人申报，请填写） **授权声明** 为代理一切税务事宜，现授权__________（地址）____________为本纳税人的代理申报人，任何与本申报表有关的往来文件，都可寄予此人。 授权人签章：
本期预缴税额：	
本期应补（退）税额：69 500	
期末未缴税额：	

以下由税务机关填写

受理人（签章）： 受理日期： 年 月 日 受理税务机关（章）：

表2-6 **其他应税消费品消费税纳税申报表**

税款所属期：2017年5月1日至2017年5月31日

纳税人名称（公章）： 纳税人识别号：1302037856249000××

填表日期：2017年6月5日 金额单位：元（列至角分）

项目 应税消费品名称	适用税率	销售数量	销售额	应纳税额
高档化妆品	15%		78 000	11 700
合计	—	—	—	11 700

<table>
<tr><td>本期准予抵减税额：</td><td rowspan="3">声明
此纳税申报表是根据国家税收法律的规定填报的，我确定它是真实的、可靠的、完整的。
经办人（签章）：
财务负责人（签章）：
联系电话：</td></tr>
<tr><td>本期减（免）税额：</td></tr>
<tr><td>期初未缴税额：</td></tr>
<tr><td>本期缴纳前期应纳税额：</td><td rowspan="4">（如果你已委托代理人申报，请填写）
授权声明
为代理一切税务事宜，现授权____________（地址）____________为本纳税人的代理申报人，任何与本申报表有关的往来文件，都可寄予此人。
授权人签章：</td></tr>
<tr><td>本期预缴税额：</td></tr>
<tr><td>本期应补（退）税额：11 700</td></tr>
<tr><td>期末未缴税额：</td></tr>
</table>

以下由税务机关填写

受理人（签章）： 受理日期： 年 月 日 受理税务机关（章）：

项目三 关税

一、单项选择题

1.C 2.B 3.C 4.D 5.D 6.C 7.C 8.B 9.B 10.A

二、多项选择题

1.ABC 2.AC 3.ACD 4.ABC 5.ABCD 6.ACD 7.ABD 8.BCD 9.AC 10.ABC

三、判断题

1.× 2.× 3.× 4.× 5.× 6.× 7.× 8.× 9.√ 10.×

四、简答题

略

五、实务题

1.完税价格=1 660+35=1695（万元）

应缴纳的关税=1 695×20%=339（万元）

应缴纳的增值税税额=1 695×（1+20%）×17%=345.78（万元）

2.完税价格=7+4=11（万元）

应缴纳的关税=11×25%=2.75（万元）

应缴纳的增值税税额=11×（1+25%）÷（1−12%）×17%=2.66（万元）

3.完税价格=（50 000−25×10×35）÷（1+15%）=35 869.57（元）

应缴纳的关税=35 869.57×15%=5 380.44（元）

4.完税价格=800 000+8 000+50 000+12 800+2 000=872 800（元）

应缴纳的关税=872 800×20%=174 560（元）

六、综合实训题

完税价格=（10 000×100×6.43−300 000×6.43）÷（1−3%）

=（6 430 000−1 929 000）÷（1−3%）

=4 640 206.19（元）

应缴纳的关税=4 640 206.19×10%=464 020.62（元）

表格略。

项目四 企业所得税

一、单项选择题

1.B 2.C 3.C 4.B 5.D 6.B 7.C 8.C 9.D 10.C 11.C 12.C 13.B 14.C 15.A 16.A 17.B 18.B 19.D 20.A 21.B 22.B 23.B 24.C 25.B

二、多项选择题

1.ABC 2.AC 3.ACD 4.ABC 5.ABCD 6.ACD 7.ABD 8.BCD 9.AC 10.ABD 11.ABCD 12.AD 13.ABC 14.ACD 15.ABCD

三、判断题

1.× 2.× 3.√ 4.× 5.× 6.× 7.× 8.× 9.√ 10.× 11.× 12.× 13.√ 14.× 15.√ 16.√ 17.√ 18.× 19.× 20.×

四、简答题

略

五、实务题

1.（1）利润总额=6 000+150−3 100−60−1 200−200−800=790（万元）

（2）纳税调整项目：

国债利息收入40万元免税。

允许扣除的广告费为900万元（6 000×15%），所以广告费调增100万元（1 000−900）。

允许扣除的借款利息为120万元（2 000×6%），所以利息调增30万元（150−120）。

加计扣除研究开发费用调减100万元（200×50%）。

所以，应纳税所得额=790−40+100+30−100−60=720（万元）

（3）应纳所得税额=720×25%−500×10%=130（万元）

2.（1）利润总额=2 500−1 100−670−480−60−（160−120）+70−50=170（万元）

（2）纳税调整项目：

允许扣除的广告费为375万元（2 500×15%），所以广告费调增75万元（450−375）。

允许扣除的业务招待费为9万元（15×60%），且不超过12.5万元（2 500×5‰），即允许扣除9万元，所以业务招待费调增6万元。

公益性捐赠扣除限额为20.4万元（170×12%），小于30万元，所以调增9.6万元。税收滞纳金调增6万元。

职工工会经费调增1万元，职工福利费调增2万元，职工教育经费调增1万元。

所以，应纳税所得额=170+75+6+9.6+6+1+2+1=270.6（万元）

（3）应纳所得税额=270.6×25%=67.65（万元）

3.境内应纳所得税=100×25%=25（万元）

境外：A国应纳所得税=50×25%=12.5（万元），已纳所得税=10万元

B国应纳所得税=30×25%=7.5（万元），已纳所得税=10.5万元

境内外应纳所得税=25+（12.5+7.5）−（10+7.5）=27.5（万元）

4.（1）应纳税所得额=1 500−100+120−140+400+220=2 000（万元）

应纳所得税额=2 000×25%=500（万元）

（2）2017年账面价值与计税基础之间的差异对纳税的影响（见表4−14）

表4−14 **2017年账面价值与计税基础之间的差异对纳税的影响** 单位：万元

项 目	账面价值	计税基础	应纳税暂时性差异	可抵扣暂时性差异
交易性金融资产	440	300	140	
固定资产	600	1 000		400
预计负债	220	0		220
合 计			140	620

递延所得税负债=140×25%=35（万元）

递延所得税资产=620×25%=155（万元）

会计核算如下：

①计提所得税：

借：所得税费用——当期所得税费用 5 000 000

贷：应交税费——应交所得税 5 000 000

②确认递延所得税负债：

借：所得税费用——递延所得税费用 350 000

贷：递延所得税负债 350 000

确认递延所得税资产：

借：递延所得税资产 1 550 000

贷：所得税费用——递延所得税费用 1 550 000

5.2006—2010年暂时性差异及该项差异对纳税的影响见表4-15。

表4-15 **2006—2010年暂时性差异及该项差异对纳税的影响** 单位：万元

年份	账面价值	计税基础	账面价值与计税基础的差额	应纳税暂时性差异	递延所得税负债	会计利润	应纳税所得额
2006	360	300	60	60	19.8	100	40
2007	270	180	90	30	9.9	250	220
2008	180	90	90	0	−7.2	300	300
2009	90	30	60	−30	−7.5	380	410
2010	0	0	0	−60	−15	470	530

2006—2010年会计核算如下：

（1）2006年：

计提所得税：

借：所得税费用——当期所得税费用 132 000

贷：应交税费——应交所得税 132 000

确认递延所得税负债：

借：所得税费用——递延所得税费用 198 000

贷：递延所得税负债 198 000

（2）2007年：

计提所得税：

借：所得税费用——当期所得税费用 726 000

贷：应交税费——应交所得税 726 000

确认递延所得税负债：

借：所得税费用——递延所得税费用 99 000

贷：递延所得税负债 99 000

（3）2008年：

计提所得税：

借：所得税费用——当期所得税费用 750 000

贷：应交税费——应交所得税 750 000

税率的变化对所得税的影响：

借：递延所得税负债 72 000

贷：所得税费用——递延所得税费用 72 000

（4）2009年：

计提所得税：

借：所得税费用——当期所得税费用 1 025 000

贷：应交税费——应交所得税 1 025 000

转销递延所得税负债：

借：递延所得税负债 75 000

贷：所得税费用——递延所得税费用 75 000

（5）2010年：

计提所得税：

借：所得税费用——当期所得税费用 1 325 000

贷：应交税费——应交所得税 1 325 000

转销递延所得税负债：

借：递延所得税负债 150 000

贷：所得税费用——递延所得税费用 150 000

六、综合实训题

（1）利润总额=8 000−4 500−1 400−1 500−60−（350−260）+100−80=470（万元）

纳税调整项目：

职工工会经费调增6万元（30−1 200×2%），职工福利费调增22万元（190−1 200×14%），职工教育经费调增5万元（35−1 200×2.5%）。

国债利息收入12万元免税；财政补贴5万元不纳税。

允许扣除的业务招待费为30万元（50×60%），且不超过40万元（8 000×5‰），即允许扣除30万元，业务招待费调增20万元（50−30）。

允许扣除的广告费和业务宣传费为1 200万元（8 000×15%），实际发生1 250万元，所以广告费和业务宣传费调增50万元（1 250−1 200）。

企业提取的存货减值准备不允许扣除，所以应调增2.5万元。

公益性捐赠可以抵扣56.4万元（470×12%），所以应调增3.6万元（60−56.4）。

加计扣除“三新”研发费用调减60万元（120×50%）。

税收滞纳金5万元不允许扣除。

所以，应纳税所得额=470+6+22+5−12−5+20+50+2.5+3.6−60+5=507.1（万元）

应纳所得税额=507.1×25%=126.775（万元）

应补缴所得税额=126.775−100=26.775（万元）

（2）编制2017年度企业所得税纳税申报表，见表4-16至表4-26（金额单位：元（列至角分））。

表4-16 **中华人民共和国企业所得税年度纳税申报表（A类）**

行次	类别	项　　目	金　额
1	利润总额计算	一、营业收入（填写A101010\101020\103000）	80 000 000.00
2		减：营业成本（填写A102010\102020\103000）	45 000 000.00
3		税金及附加	900 000.00
4		销售费用（填写A104000）	14 000 000.00
5		管理费用（填写A104000）	15 000 000.00
6		财务费用（填写A104000）	600 000.00
7		资产减值损失	
8		加：公允价值变动收益	
9		投资收益	
10		二、营业利润（1-2-3-4-5-6-7+8+9）	4 500 000.00
11		加：营业外收入（填写A101010\101020\103000）	1 000 000.00
12		减：营业外支出（填写A102010\102020\103000）	800 000.00
13		三、利润总额（10+11-12）	4 700 000.00
14	应纳税所得额计算	减：境外所得（填写A108010）	
15		加：纳税调整增加额（填写A105000）	1 141 000.00
16		减：纳税调整减少额（填写A105000）	
17		减：免税、减计收入及加计扣除（填写A107010）	770 000.00

续表

行次	类别	项　　目	金　额
18	应纳税所得额计算	加：境外应税所得抵减境内亏损（填写A108000）	
19		四、纳税调整后所得（13-14+15-16-17+18）	5 071 000.00
20		减：所得减免（填写A107020）	
21		减：抵扣应纳税所得额（填写A107030）	
22		减：弥补以前年度亏损（填写A106000）	
23		五、应纳税所得额（19-20-21-22）	5 071 000.00
24	应纳税额计算	税率（25%）	25%
25		六、应纳所得税额（23×24）	1 267 750.00
26		减：减免所得税额（填写A107040）	
27		减：抵免所得税额（填写A107050）	
28		七、应纳税额（25-26-27）	1 267 750.00
29		加：境外所得应纳所得税额（填写A108000）	
30		减：境外所得抵免所得税额（填写A108000）	
31		八、实际应纳所得税额（28+29-30）	1 267 750.00
32		减：本年累计实际已预缴的所得税额	1 000 000.00
33		九、本年应补（退）所得税额（31-32）	267 750.00
34		其中：总机构分摊本年应补（退）所得税额（填写A109000）	
35		财政集中分配本年应补（退）所得税额（填写A109000）	
36		总机构主体生产经营部门分摊本年应补（退）所得税额（填写A109000）	
37	附列资料	以前年度多缴的所得税额在本年抵减额	
38		以前年度应缴未缴在本年入库所得税额	

表4-17 **一般企业收入明细表**

行次	项目	金额
1	一、营业收入（2+9）	80 000 000.00
2	（一）主营业务收入（3+5+6+7+8）	80 000 000.00
3	1.销售商品收入	80 000 000.00
4	其中：非货币性资产交换收入	
5	2.提供劳务收入	
6	3.建造合同收入	
7	4.让渡资产使用权收入	
8	5.其他	
9	（二）其他业务收入（10+12+13+14+15）	
10	1.销售材料收入	
11	其中：非货币性资产交换收入	
12	2.出租固定资产收入	
13	3.出租无形资产收入	
14	4.出租包装物和商品收入	
15	5.其他	
16	二、营业外收入（17+18+19+20+21+22+23+24+25+26）	1 000 000.00
17	（一）非流动资产处置利得	
18	（二）非货币性资产交换利得	
19	（三）债务重组利得	
20	（四）政府补助利得	50 000.00
21	（五）盘盈利得	
22	（六）捐赠利得	
23	（七）罚没利得	
24	（八）确实无法偿付的应付款项	500 000.00
25	（九）汇兑收益	
26	（十）其他	450 000.00

表4-18 **一般企业成本支出明细表**

行次	项　目	金　额
1	一、营业成本（2+9）	45 000 000.00
2	（一）主营业务成本（3+5+6+7+8）	45 000 000.00
3	1.销售商品成本	45 000 000.00
4	其中：非货币性资产交换成本	
5	2.提供劳务成本	
6	3.建造合同成本	
7	4.让渡资产使用权成本	
8	5.其他	
9	（二）其他业务成本（10+12+13+14+15）	
10	1.材料销售成本	
11	其中：非货币性资产交换成本	
12	2.出租固定资产成本	
13	3.出租无形资产成本	
14	4.包装物出租成本	
15	5.其他	
16	二、营业外支出（17+18+19+20+21+22+23+24+25+26）	800 000.00
17	（一）非流动资产处置损失	
18	（二）非货币性资产交换损失	
19	（三）债务重组损失	
20	（四）非常损失	
21	（五）捐赠支出	600 000.00
22	（六）赞助支出	
23	（七）罚没支出	50 000.00
24	（八）坏账损失	
25	（九）无法收回的债券股权投资损失	
26	（十）其他	150 000.00

表4-19 **期间费用明细表**

行次	项目	销售费用	其中：境外支付	管理费用	其中：境外支付	财务费用	其中：境外支付
		1	2	3	4	5	6
1	一、职工薪酬		*	12 000 000.00	*	*	*
2	二、劳务费					*	*
3	三、咨询顾问费					*	*
4	四、业务招待费		*	500 000.00	*	*	*
5	五、广告费和业务宣传费	12 500 000.00	*		*	*	*
6	六、佣金和手续费						
7	七、资产折旧摊销费		*		*	*	*
8	八、财产损耗、盘亏及毁损损失		*	25 000.00	*	*	*
9	九、办公费		*		*	*	*
10	十、董事会费		*		*	*	*
11	十一、租赁费					*	*
12	十二、诉讼费		*		*	*	*
13	十三、差旅费		*		*	*	*
14	十四、保险费		*		*	*	*
15	十五、运输、仓储费					*	*
16	十六、修理费					*	*
17	十七、包装费		*		*	*	*
18	十八、技术转让费					*	*
19	十九、研究费用			1 200 000.00		*	*
20	二十、各项税费		*		*	*	*
21	二十一、利息收支	*	*	*	*	600 000.00	
22	二十二、汇兑差额	*	*	*	*		
23	二十三、现金折扣	*	*	*	*		*
24	二十四、其他	1 500 000.00		1 275 000.00			
25	合计（1+2+3+…+24）	14 000 000.00		15 000 000.00		600 000.00	

表4-20　**纳税调整项目明细表**

行次	项目	账载金额	税收金额	调增金额	调减金额
		1	2	3	4
1	一、收入类调整项目（2+3+4+5+6+7+8+10+11）	*	*		
2	（一）视同销售收入（填写A105010）	*			*
3	（二）未按权责发生制原则确认的收入（填写A105020）				
4	（三）投资收益（填写A105030）				
5	（四）按权益法核算长期股权投资对初始投资成本调整确认收益	*	*	*	
6	（五）交易性金融资产初始投资调整	*	*		*
7	（六）公允价值变动净损益		*		
8	（七）不征税收入	*	*		50 000.00
9	其中：专项用途财政性资金（填写A105040）	*	*		
10	（八）销售折扣、折让和退回				
11	（九）其他				120 000.00
12	二、扣除类调整项目（13+14+15+16+17+18+19+20+21+22+23+24+26+27+28+29）	*	*	1 141 000.00	
13	（一）视同销售成本（填写A105010）	*		*	
14	（二）职工薪酬（填写A105050）	14 550 000.00	14 220 000.00	330 000.00	
15	（三）业务招待费支出	500 000.00	300 000.00	200 000.00	*
16	（四）广告费和业务宣传费支出（填写A105060）	*	*	500 000.00	
17	（五）捐赠支出（填写A105070）	60 0000.00	564 000.00	36 000.00	*
18	（六）利息支出				
19	（七）罚金、罚款和被没收财物的损失		*		*
20	（八）税收滞纳金、加收利息	50 000.00	*	50 000.00	*
21	（九）赞助支出		*		*
22	（十）与未实现融资收益相关在当期确认的财务费用				
23	（十一）佣金和手续费支出				*
24	（十二）不征税收入用于支出所形成的费用	*	*		*
25	其中：专项用途财政性资金用于支出所形成的费用（填写A105040）	*	*		*
26	（十三）跨期扣除项目				
27	（十四）与取得收入无关的支出		*		*
28	（十五）境外所得分摊的共同支出	*	*		*
29	（十六）其他				
30	三、资产类调整项目（31+32+33+34）	*	*		
31	（一）资产折旧、摊销（填写A105080）				
32	（二）资产减值准备金	25 000.00	*	25 000.00	
33	（三）资产损失（填写A105090）				
34	（四）其他				
35	四、特殊事项调整项目（36+37+38+39+40）	*	*		
36	（一）企业重组（填写A105100）				
37	（二）政策性搬迁（填写A105110）	*	*		
38	（三）特殊行业准备金（填写A105120）				
39	（四）房地产开发企业特定业务计算的纳税调整额（填写A105010）	*			
40	（五）其他	*	*		
41	五、特别纳税调整应税所得	*	*		
42	六、其他	*	*		
43	合计（1+12+30+35+41+42）	*	*	1 141 000.00	

表 4-21 **职工薪酬纳税调整明细表**

行次	项　目	账载金额	税收规定扣除率	以前年度累计结转扣除额	税收金额	纳税调整金额	累计结转以后年度扣除额
		1	2	3	4	5（1-4）	6（1+3-4）
1	一、工资薪金支出	12 000 000.00	*	*	12 000 000.00	0.00	*
2	其中：股权激励		*	*			*
3	二、职工福利费支出	1 900 000.00	14%	*	1 680 000.00	220 000.00	*
4	三、职工教育经费支出	350 000.00	*		300 000.00	50 000.00	
5	其中：按税收规定比例扣除的职工教育经费	50 000.00	2.5%		300 000.00	50 000.00	
6	按税收规定全额扣除的职工培训费用			*			*
7	四、工会经费支出	300 000.00	2%	*	240 000.00	60 000.00	*
8	五、各类基本社会保障性缴款		*	*			*
9	六、住房公积金		*	*			*
10	七、补充养老保险			*			*
11	八、补充医疗保险			*			*
12	九、其他		*				
13	合计（1+3+4+7+8+9+10+11+12）	14 550 000.00	*		14 220 000.00	330 000.00	

表 4-22 **广告费和业务宣传费跨年度纳税调整明细表**

行次	项　目	金　额
1	一、本年广告费和业务宣传费支出	12 500 000.00
2	减：不允许扣除的广告费和业务宣传费支出	500 000.00
3	二、本年符合条件的广告费和业务宣传费支出（1-2）	1 2000 000.00
4	三、本年计算广告费和业务宣传费扣除限额的销售（营业）收入	80 000 000.00
5	税收规定扣除率	15%
6	四、本企业计算的广告费和业务宣传费扣除限额（4×5）	12 000 000.00
7	五、本年结转以后年度扣除额（3>6，本行=3-6；3≤6，本行=0）	0.00
8	加：以前年度累计结转扣除额	0.00
9	减：本年扣除的以前年度结转额（3>6，本行=0；3≤6，本行=8或（6-3）孰小值）	
10	六、按照分摊协议归集至其他关联方的广告费和业务宣传费（10≤3或6孰小值）	
11	按照分摊协议从其他关联方归集至本企业的广告费和业务宣传费	
12	七、本年广告费和业务宣传费支出纳税调整金额（3>6，本行=2+3-6+10-11；3≤6，本行=2+10-11-9）	500 000.00
13	八、累计结转以后年度扣除额（7+8-9）	

表 4-23 **捐赠支出纳税调整明细表**

行次	受赠单位名称	公益性捐赠				非公益性捐赠	纳税调整金额
		账载金额	按税收规定计算的扣除限额	税收金额	纳税调整金额	账载金额	
	1	2	3	4	5（2−4）	6	7（5+6）
1		600 000.00	564 000.00	564 000.00	36 000.00		*
2			*	*	*		*
3			*	*	*		*
4			*	*	*		*
5			*	*	*		*
6			*	*	*		*
7			*	*	*		*
8			*	*	*		*
9			*	*	*		*
10			*	*	*		*
11			*	*	*		*
12			*	*	*		*
13			*	*	*		*
14			*	*	*		*
15			*	*	*		*
16			*	*	*		*
17			*	*	*		*
18			*	*	*		*
19			*	*	*		*
20	合计	600 000.00	564 000.00	564 000.00	36 000.00		

表 4-24 **企业所得税弥补亏损明细表**

行次	项目	年度	纳税调整后所得	合并、分立转入（转出）可弥补的亏损额	当年可弥补的亏损额	以前年度亏损已弥补额					本年度实际弥补的以前年度亏损额	可结转以后年度弥补的亏损额
						前四年度	前三年度	前二年度	前一年度	合计		
		1	2	3	4	5	6	7	8	9	10	11
1	前五年度											*
2	前四年度					*						
3	前三年度					*	*					
4	前二年度					*	*	*				
5	前一年度					*	*	*	*	*		
6	本年度					*	*	*	*	*		
7	可结转以后年度弥补的亏损额合计											

表4-25 **免税、减计收入及加计扣除优惠明细表**

行次	项　　目	金　额
1	一、免税收入（2+3+4+5）	170 000.00
2	（一）国债利息收入	120 000.00
3	（二）符合条件的居民企业之间的股息、红利等权益性投资收益（填写A107011）	
4	（三）符合条件的非营利组织的收入	
5	（四）其他专项优惠（6+7+8+9+10+11+12+13+14）	
6	1.中国清洁发展机制基金取得的收入	
7	2.证券投资基金从证券市场取得的收入	
8	3.证券投资基金投资者获得的分配收入	
9	4.证券投资基金管理人运用基金买卖股票、债券的差价收入	
10	5.取得的地方政府债券利息所得或收入	
11	6.受灾地区企业取得的救灾和灾后恢复重建款项等收入	
12	7.中国期货保证金监控中心有限责任公司取得的银行存款利息等收入	
13	8.中国保险保障基金有限责任公司取得的保险保障基金等收入	
14	9.其他	50 000.00
15	二、减计收入（16+17）	
16	（一）综合利用资源生产产品取得的收入（填写A107012）	
17	（二）其他专项优惠（18+19+20）	
18	1.金融、保险等机构取得的涉农利息、保费收入（填写A107013）	
19	2.取得的中国铁路建设债券利息收入	
20	3.其他	
21	三、加计扣除（22+23+26）	600 000.00
22	（一）开发新技术、新产品、新工艺发生的研究开发费用加计扣除（填写A107014）	600 000.00
23	（二）安置残疾人员及国家鼓励安置的其他就业人员所支付的工资加计扣除（24+25）	
24	1.支付残疾人员工资加计扣除	
25	2.国家鼓励的其他就业人员工资加计扣除	
26	（三）其他专项优惠	
27	合计（1+15+21）	770 000.00

表 4-26

研发费用加计扣除优惠明细表

行次	研发项目	本年研发费用明细									减：作为不征税收入处理的财政性资金用于研发的部分	可加计扣除的研发费用合计	费用化部分		资本化部分				本年研发费用加计扣除额合计
		研发活动直接消耗的材料、燃料和动力费用	直接从事研发活动的本企业在职人员费用	专门用于研发活动的有关折旧费、租赁费、运行维护费	专门用于研发活动的有关无形资产摊销费	中间试验和产品试制的有关费用，样品、样机及一般测试手段购置费	研发成果论证、评审、验收、鉴定费用	勘探开发技术的现场试验费，新药研制的临床试验费	设计、制定、资料和翻译费用	年度研发费用合计			计入本年损益的金额	计入本年研发费用加计扣除额	本年形成无形资产的金额	本年形成无形资产加计摊销额	以前年度形成无形资产本年加计摊销额	无形资产本年加计摊销额	
	1	2	3	4	5	6	7	8	9	10（2+3+4+5+6+7+8+9）	11	12（10-11）	13	14（13×50%）	15	16	17	18（16+17）	19（14+18）
1										200 000.00			1 200 000.00	600 000.00					600 000.00
2																			
3																			
4																			
5																			
6																			
7																			
8																			
9																			
10	合计									1 200 000.00			1 200 000.00	600 000.00					600 000.00

项目五　个人所得税

一、单项选择题

1.A　2.C　3.A　4.C　5.A　6.A　7.B　8.B　9.D　10.A　11.C　12.C　13.B　14.B　15.C　16.C　17.B　18.A　19.C　20.B

二、多项选择题

1.ABCD　2.ABCD　3.AD　4.AB　5.AD　6.ACD　7.BD　8.BD　9.AB　10.ABC　11.CD　12.ACD　13.AD　14.ACD　15.ABD

三、判断题

1.×　2.×　3.×　4.√　5.√　6.×　7.×　8.√　9.×　10.×　11.×　12.×　13.√　14.×　15.√　16.√　17.√　18.√　19.×　20.×

四、简答题

略

五、实务题

1.（1）12月份工资个人所得税=（8 000−240−360−200−3 500）×10%−105=265（元）

（2）计算年终奖个人所得税：

24 000÷12=2 000（元），对应税率10%。

年终奖个人所得税=24 000×10%−105=2 295（元）

（3）12月份个人所得税总额=265+2 295=2 560（元）

2.应纳个人所得税=（40 000+5 000）×（1−20%）×20%×（1−30%）=5 040（元）

3.捐赠扣除限额=100 000×30%=30 000（元）

彩票中奖所得应纳个人所得税=（100 000−20 000）×20%=16 000（元）

4.（1）为张某扣缴个人所得税时：

张某应纳个人所得税=（10 000−3 500）×20%−555=745（元）

发放工资时的会计分录如下：

借：应付职工薪酬　　10 000

　　贷：库存现金　　9 255

　　　　应交税费——代扣个人所得税　　745

（2）为孙某承担的税款为：

税款金额=（10 000−3 500−555）÷（1−20%）×20%−555=931.25（元）

发放工资时的会计分录如下：

借：应付职工薪酬　　10 931.25

　　贷：库存现金　　10 000

　　　　应交税费——代扣个人所得税　　931.25

5.应纳税所得额=250 000−120 000−3500×12=88 000（元）

应纳税额=88 000×30%−9 750=16 650（元）

6.（1）计算抵免限额：

美国：平均月工资=240 000÷12=20 000（元）

工资收入应纳税额=［（20 000−4 800）×25％−1 005］×12=33 540（元）

稿酬应纳税额=10 000×（1−20%）×20％×（1−30%）=1 120（元）

美国的抵免限额=33 540+1 120=34 660（元）

韩国：股息、红利收入应纳税额=15 000×20%=3 000（元）

（2）杨某在国内应交个人所得税：

杨某在美国已缴纳个人所得税6 000元，低于抵免限额，需在我国补缴的税款=34 660−6 000=28 660（元）。

在韩国的抵免限额为3 000元，杨某已在韩国实际缴纳个人所得税2 000元，需在我国补缴的税款=3 000−2 000=1 000（元）。

杨某在国内应交个人所得税=28 660+1 000=29 660（元）

7.（1）工资应纳税额=（5 000−3 500）×3%=45（元）

（2）奖金应纳税额=6 000×3%=180（元）

（3）劳务报酬所得：

捐赠限额=80 000×（1−20%）×30%=19 200（元）

应纳税额=［80 000×（1−20%）−19 200］×30%−2 000=11 440（元）

（4）稿酬所得应纳税额=（3 800−800）×14%=420（元）

（5）免税：

应纳个人所得税=45+180+11 440+420=12 085（元）

8.（1）工资应纳税额=（5 000−3 500）×3%×12=540（元）

（2）稿酬应纳税额=（3000−800）×14%=308（元）

（3）捐赠限额=25 000×（1−20%）×100%=20 000（元）

应纳税额=［25 000×（1−20%）−10 000］×20%=2 000（元）

（4）红利应纳税额=5 000×20%=1 000（元）

（5）境外稿酬扣除限额=（3 200−800）×14%=336（元）

应补缴税额=336−300=36（元）

（6）财产租赁应纳税额=（2 000−800）×10%×12=1 440（元）

（7）特许权使用费所得纳税=20 000×（1−20%）×20%=3 200（元）

应纳个人所得税=540+308+2 000+1 000+36+1440+3 200=8 524（元）

9.（1）雇佣单位代扣的税额=［（12 000−3 500）×20%−555］×12=13 740（元）

（2）派遣单位代扣的税额=（2 000 ×10%−105）×12=1 140（元）

李某工资全年应纳的税款=［（12 000+2 000−3 500）×25%−1005］×12=19 440（元）

（3）境外稿酬扣除限额=18 000×（1−20%）×20%=2 880（元）

应补缴税额=0

全年应补缴税额=19 440−（13 740+1 140）=4 560（元）

10.雇工工资可据实扣除=1 000×12×5=60 000（元）

业主工资扣除数=3500×12=42 000（元）

业务招待费按实际发生额计算的扣除限额为：30 000×60%=18 000（元），按收入计算的扣除限额为：500 000×5‰=2 500（元），因此可扣除18 000元。

广告费当年可扣除=500 000×15%=75 000（元）

全年应纳税所得额=500 000−200 000−22 000−60 000−42 000−1 8000−75 000=83 000（元）

应纳个人所得税=83 000×30%−9 750=15 150（元）

六、综合实训题

实训一

（1）工资应纳税额=（8 200−2 100−3 500）×10%−105=1 860（元）

奖金应纳税额=12 000×3%=360（元）

（2）稿酬应纳税额=［15000×（1−20%）］×14%=1680（元）

（3）偶然所得捐赠限额=50 000×30%=15 000（元）

应纳税额=（50 000−15 000）×20%=7 000（元）

（4）A国抵免限额=18 000×（1−20%）×20%=2 880（元）

B国抵免限额=35 000×（1−20%）×30%−2000=6 400（元）

在A国已缴纳个人所得税2 000元，低于抵免限额，需在我国补缴税款880元；在B国的抵免限额为6 400元，已在B国实际缴纳个人所得税6 000元，需在我国补缴税款400元。

（5）财产转让所得应纳税额=（300 000−150 000−21 000）×20%=25 800（元）

（6）劳务报酬所得

应纳税所得额=10 000×（1−20%）×20%=1 600（元）

全年应纳税额=1 860+360+1 680+7 000+2 880+6 400+25 800+1 600=47 580（元）

全年已纳税额=1 860+360+1 680+7 000+2 000+6 000+25 800=44 700（元）

应补税款=47 580−44 700=2 880（元）

编制的扣缴个人所得税报告表和个人所得税自行纳税申报表分别见表5−4、表5−5。

实训二

1.利润总额=600 000−250 000−22 000−30000−40000−20 000−60 000=178 000（元）

2.纳税调整：

业务招待费扣除限额=600 000×5‰=3 000（元）；实际发生3 600元（6 000×60%），所以允许扣除3 000元，调增3 000元。

允许扣除借款利息=100 000×7%=7 000（元），实际发生10 000元，所以允许扣除7 000元，调增3 000元。

业主工资允许扣除=3 500×12=42 000（元），实际发生60 000元，所以允许扣除42 000元，调增18 000元。

小货车发生车祸损失60 000元，保险公司赔款35 000元不允许扣除，调增35 000元。

3.应纳税所得额：

应纳税所得额=178 000+2 400+3 000+18 000+35 000=23 6400（元）

应纳税额=23 6400×35%−14 750=67 990（元）

应补税额=67 990−25 000=42 990（元）

编制的生产、经营所得个人所得税纳税申报表见表5−6。

表 5-4

扣缴个人所得税报告表

税款所属期：　　年　月　日至　　年　月　日

扣缴义务人名称：　　　　　　　　　　扣缴义务人所属行业：□一般行业 □特定行业月份申报

扣缴义务人编码：□□□□□□□□□□□□□□□□□□□　　　　　　金额单位：元（列至角分）

序号	姓名	身份证件类型	身份证件号码	所得项目	所得期间	收入额	免税所得	税前扣除项目								减除费用	准予扣除的捐赠额	应纳税所得额	税率%	速算扣除数	应纳税额	减免税额	应扣缴税额	已扣缴税额	应补（退）税额	备注
								基本养老保险费	基本医疗保险费	失业保险费	住房公积金	财产原值	允许扣除的税费	其他	合计											
1	2	3	4	5	6	7	8	9	10	11	12	13	14	15	16	17	18	19	20	21	22	23	24	25	26	27
				工资		8 200									2 100	3 500		2 600	10	105	1 860		1860	1 860	0	
				奖金		12 000												12 000	3	0	360		360	360	0	
				稿酬		15000										3 000		12 000	14		16 80		1680	1 680	0	
				偶然		50 000											15 000	35 000	20		7 000					
				A国劳务报酬		18 000										3 600		14 400	20		2 880		2880	2 000	880	
				B国劳务报酬		35 000										7 000		28 000	30	2 000	6 400		6400	6 000	400	
				财产转让		300 000						150 000	21 000		171 000			129 000	20		25 800		25800	25 800	0	
				劳务报酬		10 000										2 000		8 000	20	0	1 600		1 600	0	1 600	
合计																					47580		47580	44700	2880	

谨声明：此扣缴报告表是根据《中华人民共和国个人所得税法》及其实施条例和国家有关税收法律法规规定填写的，是真实的、完整的、可靠的。

法定代表人（负责人）签字：　　年　月　日

扣缴义务人公章： 经办人：	代理机构（人）签章： 经办人： 经办人执业证件号码：	主管税务机关受理专用章： 受理人：
填表日期：　　年　月　日	代理申报日期：　　年　月　日	受理日期：　　年　月　日

注：工资全年纳税=［（8 200−2 100−3 500）×10%−105］×12＝1 860（元）。

表5-5

个人所得税自行纳税申报表

税款所属期：自2017年12月1日至2017年12月31日　　　　金额单位：元（列至角分）

姓名		国籍（地区）		身份证件类型		身份证件号码	
自行申报情形	□从中国境内两处或者两处以上取得工资、薪金所得			□没有扣缴义务人		□其他情形	

任职受雇单位名称	所得期间	所得项目	收入额	免税所得	税前扣除项目：基本养老保险费	税前扣除项目：基本医疗保险费	税前扣除项目：失业保险费	税前扣除项目：住房公积金	税前扣除项目：财产原值	税前扣除项目：允许扣除的税费	税前扣除项目：其他	税前扣除项目：合计	减除费用	准予扣除的捐赠额	应纳税所得额	税率%	速算扣除数	应纳税额	减免税额	已缴税额	应补（退）税额
1	2	3	4	5	6	7	8	9	10	11	12	13	14	15	16	17	18	19	20	21	22
		劳务报酬	10 000										2 000		8 000	20%		1 600		0	1600

谨声明：此表是根据《中华人民共和国个人所得税法》及其实施条例和国家相关法律法规规定填写的，是真实的、完整的、可靠的。

纳税人签字：　　年　月　日

代理机构（人）公章： 经办人： 经办人执业证件号码：	主管税务机关受理专用章： 受理人：
代理申报日期：　　年　月　日	受理日期：　　年　月　日

国家税务总局监制

表 5-6 **生产、经营所得个人所得税纳税申报表**

税款所属期：2017年1月1日至2017年12月31日　　金额单位：元（列至角分）

<table>
<tr><td rowspan="2">投资者信息</td><td>姓名</td><td>李玲</td><td>身份证件类型</td><td></td><td>身份证件号码</td><td></td></tr>
<tr><td>国籍（地区）</td><td colspan="3"></td><td>纳税人识别号</td><td></td></tr>
<tr><td rowspan="2">被投资单位信息</td><td>名称</td><td colspan="3"></td><td>纳税人识别号</td><td></td></tr>
<tr><td>类型</td><td colspan="5">□个体工商户　□承包、承租经营者　□个人独资企业　□合伙企业</td></tr>
</table>

项　目	行次	金　额	补充资料
一、收入总额	1	600 000	
减：成本	2	250 000	
销售费用	3	30000	
管理费用	4	40000	
财务费用	5	20000	
税金及附加	6	22 000	
营业外支出	7	60 000	
二、利润总额	8	178 000	
三、纳税调整增加额	9	58 400	
1、超过规定标准扣除的项目	10		
（1）职工福利费	11		1.年平均职工人数：______人 2.工资总额：______元 3.投资者人数：______人
（2）职工教育经费	12		
（3）工会经费	13		
（4）利息支出	14	3 000	
（5）业务招待费	15	2 400	
（6）广告费和业务宣传费	16		
（7）教育和公益事业捐赠	17		
（8）住房公积金	18		
（9）社会保险费	19		
（10）折旧费用	20		
（11）无形资产摊销	21		
（12）资产损失	22		

续表

项　　目	行次	金　额	补充资料
(13) 其他	23		
2.不允许扣除的项目	24	35 000	
(1) 资本性支出	25		
(2) 无形资产受让、开发支出	26		
(3) 税收滞纳金、罚金、罚款	27		
(4) 赞助支出、非教育和公益事业捐赠	28		
(5) 灾害事故损失赔偿	29	35 000	
(6) 计提的各种准备金	30		
(7) 投资者工资薪金	31	18 000	
(8) 与收入无关的支出	32		
其中：投资者家庭费用	33		
四、纳税调整减少额	34		
1.国债利息收入	35		
2.其他	36		
五、以前年度损益调整	37		
六、经纳税调整后的生产经营所得	38	23 6400	
减：弥补以前年度亏损	39		
乘：分配比例%	40		
七、允许扣除的其他费用	41		
八、投资者减除费用	42		
九、应纳税所得额	43	23 6400	
十、税率（%）	44	35%	
十一、速算扣除数	45	14 750	
十二、应纳税额	46	67 990	
减：减免税额	47		
十三、全年应缴税额	48	25 000	
加：期初未缴税额	49		
减：全年已预缴税额	50		
十四、应补（退）税额	51	42 990	

谨声明：此表是根据《中华人民共和国个人所得税法》及其实施条例和国家相关法律法规规定填写的，是真实的、完整的、可靠的。

纳税人签字：　　年　月　日

代理申报机构（人）公章： 经办人： 经办人执业证件号码：	主管税务机关受理专用章： 受理人：
代理申报日期：　　年　月　日	受理日期：　　年　月　日

国家税务总局监制

项目六　其他税

一、单项选择题

1.D　2.A　3.A　4.C　5.D　6.A　7.A　8.A　9.A　10.A　11.D　12.C　13.C　14.B　15.A

二、多项选择题

1.ABD　2.CD　3.ACD　4.BC　5.AC　6.AD　7.ACD　8.AD　9.ABCD　10.ABCD　11.ABD　12.AD　13.ABC　14.BC　15.ABD

三、判断题

1.√　2.×　3.×　4.×　5.×　6.√　7.√　8.√　9.√　10.×

四、简答题

略

五、实务题

1.应纳城建税=（300+400）×7%=49（万元）

应纳教育费附加=（300+400）×5%=35（万元）

会计分录：

（1）计提城建税及教育费附加时：

借：税金及附加　840 000

　　贷：应交税费——应交城市维护建设税　490 000

　　　　　　　　——应交教育费附加　350 000

（2）缴纳城建税及教育费附加时：

借：应交税费——应交城市维护建设税　490 000

　　　　　　——应交教育费附加　350 000

　　贷：银行存款　840 000

2.应纳城镇土地使用税=3 000×7+3 500×4=35 000（元）

会计分录：

（1）计提城镇土地使用税时：

借：税金及附加　35 000

　　贷：应交税费——应交城镇土地使用税　35 000

（2）上缴城镇土地使用税时：

借：应交税费——应交城镇土地使用税　35 000

　　贷：银行存款　35 000

3.应纳印花税=4×5+3 000 000×0.5‰ +5 000 000×0.3‰ +1 000 000×0.05‰ +42 000×1‰+（12 000 000+3 000 000）×0.5‰

=20+1 500+1 500+50+42+7 500=10 612（元）

会计分录：

借：税金及附加　10 612

　　贷：银行存款　10 612

4.应纳车船税=（14−2）×5+10×180 +25×150 +6×140÷2

=60+1 800+3 750+420=6 030（元）

会计分录：

（1）计提车船税时：

借：税金及附加 6 030

贷：应交税费——应交车船税 6 030

（2）缴纳车船税时：

借：应交税费——应交车船税 6 030

贷：银行存款 6 030

六、综合实训题

编制的各税种的纳税申报表分别见表6−6至表6−10。

表6−6 **城市维护建设税纳税申报表**

填表日期：2017年1月5日

纳税人识别号□□□□□□□□□□□□□□□□□□ 金额单位：元（列至角分）

纳税人名称	长城汽车修理厂		税款所属时间	2016.12		
计税依据	计税金额	税率	应纳税额	已纳税额	应补（退）税额	
1	2	3	4=2×3	5	6=4−5	
增值税	3 000 000	7%	210 000	0	210 000	
消费税	4 000 000	7%	280 000	0	280 000	
合计	7 000 000		490 000	0	490 000	
如纳税人填报，由纳税人填写以下各栏			如委托代理人填报，由代理人填写以下各栏			备注
会计主管（签章）	纳税人（公章）		代理人名称		代理人（公章）	
			代理人地址			
			经办人		电话	
以下由税务机关填写						
收到申报表日期			接收人			

表 6-7

教育费附加纳税申报表

填表日期：2017年1月5日

纳税人识别号 □□□□□□□□□□□□□□□□□□　　　　金额单位：元（列至角分）

纳税人名称	长城汽车修理厂		税款所属时间	2016.12	
计税依据	计征金额	附加率	应征额	已征额	应缴（退）费额
增值税	3 000 000	5%	150 000	0	150 000
消费税	4 000 000	5%	200 000	0	200 000
合　计	7 000 000		350 000	0	350 000

如纳税人填报，由纳税人填写以下各栏		如委托代理人填报，由代理人填写以下各栏				备注
会计主管 （签章）	纳税人 （公章）	代理人名称		代理人 （公章）		
		代理人地址				
		经办人		电话		
以下由税务机关填写						
收到申报表日期		接收人				

表 6-8

城镇土地使用税纳税申报表

填表日期：2017年1月5日

纳税人识别号 □□□□□□□□□□□□□□□□□□　　　　金额单位：元（列至角分）

纳税人名称	大洋公司							税款所属时期	2016.1—2016.12				
房产坐落地点													
坐落地点	上期占地面积	本期增减	增减时间	本期实际占地面积	法定免税面积	应税面积	土地等级	适用税额	全年应缴税额	年缴纳次数	本期 应纳税额	本期 已纳税额	本期 应补（退）税额
1	2	3		4=2+3	5	6=4−5	7	8	9=7×8	10	11=9÷10	12	13=11−12
	3 000			3 000		3 000		7	21 000		21 000		21 000
	3 500			3 500		3 500		4	14 000		14 000		14 000
合计	65 000			6 500		6 500			35 000		35 000		35 000

如纳税人填报，由纳税人填写		如委托代理人填报，由代理人填写以下各栏			
会计主管 （签章）	纳税人 （公章）	代理人名称		代理人 （公章）	
		代理人地址			
		经办人姓名		电话	
以下由税务机关填写					
收到申报表日期			接收人		

表6-9

印花税纳税申报表

填表日期：2017年1月5日

纳税人识别号□□□□□□□□□□□□□□□□□□□□　　金额单位：元（列至角分）

应税凭证	计税金额或件数	适用税率	核定征收		本期应纳税额	本期已缴税额	本期应补（退）税额
			核定依据	核定比例			
	1	2	3	4	5=1×2+2×3×4	6	7=5-6
权利许可证照	4	5			20		
产权转移数据	3 000 000	0.5‰			1 500		
销售合同	5 000 000	0.3‰			1 500		
借款合同	1 000 000	0.05‰			50		
财产保险合同	42 000	1‰			42		
营业账簿	1 500 000	0.5‰			7 500		
合计					10 612		

<table>
<tr><td rowspan="6">纳税人或代理人声明：此纳税申报表是根据国家税收法律的规定填报的，我确信它是真实的、可靠的、完整的。</td><td colspan="6">如纳税人填报，由纳税人填写以下各栏</td></tr>
<tr><td>经办人（签章）</td><td></td><td>会计主管（签章）</td><td></td><td>法定代表人（签章）</td><td></td></tr>
<tr><td colspan="6">如委托代理人填报，由代理人填写以下各栏</td></tr>
<tr><td>代理人名称</td><td colspan="2"></td><td colspan="3" rowspan="3">代理人（公章）</td></tr>
<tr><td>经办人（签章）</td><td colspan="2"></td></tr>
<tr><td>联系电话</td><td colspan="2"></td></tr>
<tr><td colspan="7">以下由税务机关填写</td></tr>
<tr><td>受理人</td><td></td><td>受理日期</td><td></td><td>受理税务机关（签章）</td><td colspan="2"></td></tr>
</table>

表6-10

车船税纳税申报表

填表日期：2017年1月5日

纳税人识别号□□□□□□□□□□□□□□□□□□□□　　金额单位：元（列至角分）

纳税人名称		某运输公司		税款所属时间		2016.1—2016.12		
车船类别	计税标准	数量	单位税额	全年应缴税额	年缴纳次数	本期		
						应纳税额	已纳税额	应补（退）税额
1	2	3	4	5=2×4	6	7=5÷6	8	9=7−8
载货汽车	净吨位	12	5	60		60		60
大客车	辆	10	180	1 800		1 800		1 800
小客车	辆	25	150	3 750		3 750		3 750
小客车	辆	6	70	420		420		420
合计				6 030		6 030		6 030

如纳税人填报，由纳税人填写		如委托代理人填报，由代理人填写以下各栏			
会计主管（签章）	纳税人（公章）	代理人名称		代理人（公章）	
		代理人地址			
		经办人姓名		电话	

以下由税务机关填写			
收到申报表日期		接收人	

项目七　税收征管相关法规

一、单项选择题

1.C　2.B　3.A　4.A　5.B

二、多项选择题

1.ABC　2.ABC　3.ABC　4.ABC　5.ABCD　6.ABC　7.ACD　8.AB　9.ACD　10.AB

三、判断题

1.√　2.√　3.×　4.×　5.×

四、简答题

略

五、实务题

略